엘리트 코스를 밟은 성악가 김정준

2014년 베트남 하노이 <Hope Concert>

2014년 부산 <어둠 속의 음악회>(Music in the Dark in Busan)

2015년 러시아 공연

2015년 가을음악회, 능동 숲속의 무대

2015년 한국장애인문화예술원 개관 기념식 연주

2015년 한빛예술단 러시아 초청 공연

2023년 한국강소기업협회 홍보대사 위촉

누구 시리즈

문학적 초상화 프로젝트
2025년 <누구?!시리즈10>을 발간하며

궁금증이 감탄으로 변하게 하는 이야기를 담은 작은 인문학도서 <누구?!시리즈>를 기획하게 되었다. 인문학이란 사람의 이야기를 기본으로 하는데 그 삶에서 장애는 비장애인들이 경험하지 못한 특별한 이야기여서 사람들에게 감동을 준다.

특히 장애인예술은 장애예술인의 삶 속에서 녹아 나온 창작이라서 장애예술인 이야기를 책으로 만드는 <누구?!시리즈>는 꼭 필요한 작업이다. 이 책은 장애예술인의 활동을 알리는 소중한 자료가 될 것이기에 <누구?!시리즈> 100권 발간 목표를 세웠다. 의문과 감탄을 동시에 나타내는 기호 인테러뱅(interrobang)이 <누구?!시리즈>를 통해 새로운 감성으로 확산될 것으로 믿는다.

<누구?!시리즈 100>이 완간되면 한국을 빛내는 장애예술인 100인이 탄생하여 장애인예술의 진가를 인정받게 될 것이며, 100인의 장애예술인을 해외에 소개하면 한국장애인예술의 우수성이 K-컬처의 새로운 화두가 될 것이다.

_ (사)한국장애예술인협회

누구?! 시리즈 46
엘리트 코스를 밟은 성악가 김정준
김정준 지음

초판1쇄 발행 2025년 11월 20일

지은이 김정준
펴낸이 석창우
펴낸곳 한국장애예술인협회(KDAA)
등 록 2025년 5월 7일
주 소 서울시 금천구 서부샛길 606, 대성지식산업센터 B동 2506-2호
전 화 (02)861-8848
팩 스 (02)861-8849
홈주소 www.emiji.net
이메일 klah1990@daum.net

값 12,000원

ISBN 979-11-993059-7-7 03810

주최 (사)한국장애예술인협회

후원 문화체육관광부　한국장애인문화예술원 Korea Disability Arts & Culture Center

누구❓ 시리즈 46

엘리트 코스를 밟은 성악가 김정준

김정준 지음

여전히 음악은 올라야 할 산이고 삶의 큰 과제이다

나와 음악은 죽음과 삶이 공존하는 전쟁터에서
서로를 점령하려는 적군이었습니다.
죽지 않기 위해서 한 곡 한 곡을 탐색하고
곡의 주제와 분위기와 음표와 겨뤘습니다.

도서출판 **KDAA**

여는 글

음악은 다시 솟아오른 삶의 태양이었다

음악은 예술의 마지막 말이겠지요.
죽음이 삶의 마지막 말이듯이.

_하인리히 하이네, 「루테티아」 제1권(1841년 4월 20일자 칼럼에서)

음악을 하겠다고 부모님께 말씀드렸을 때 음악은 나의 운명이라고 생각했습니다. 물리학자가 되겠다는 꿈이 영영 꿈이 되어버렸을 때, 그 꿈을 좇을 수 없는 나의 현실이 나를 절망으로 휘감아 누를 때, 음악은 다시 솟아오른 삶의 태양이었고 닿을 것 같은, 닿을 수 있는 꿈이었습니다.

전쟁하듯 죽음을 끌어안고 연주했습니다. 나와 음악은 죽음과 **삶이 공존하는 전쟁터에서 서로를 점령하려는 적군이었습니다. 죽지 않기 위해서 한 곡 한 곡을 탐색하고 곡의 주제와 분위기와 음표와 겨뤘습니다. 스스로 만족할 때까지 신경을 곤두세우며 서슬 퍼렇게 날 선 채로 호흡을 채찍질하고 목소리를 조율했습니다. 스스로에게 참으로 혹독한 시간을 보냈습니다.

  그런데 그 시간은 성악가로 선 이후에도 계속되었던 것 같습니다. 최고의 실력을 갖춘 준비된 연주자로 살기 위해 스스로에게 너그럽지 않았습니다. 그리고 함부로, 값없이 나의 연주를 소비하려는 갖은 행위에는 '쌈닭'처럼 덤비며 나를 지켰습니다. 하지만 여전히 음악은 올라야 할 산이고 삶의 큰 과제입니다. 아무래도 죽기까지 음악과 전쟁을 치러야 할 듯싶습니다.

  저의 이야기를 들려드리며 반갑지만 부끄럽기도 합니다. 장애예술인들과 이야기를 나눌 수 있게 된 것은 반갑고, 또 자라날 미래 장애예술인들에게 무엇인가 도움이 될 수 있다면 감사하겠지만 정말 도움이 될까 싶어 두렵고 부끄럽습니다.

  하지만 우리가 함께 예술을 이야기하고 장애인예술의 미래를 꿈꾸는 것이야말로 모두의 꿈을 실현할 수 있는 걸음이겠지요. 글이 완성되기까지 사랑하는 두 딸 시윤과 알영, 그리고 제 삶의 조력자이며 인생길의 든든한 동지, 아내 유은아가 큰 힘이 되었습니다. 이 책이 장애예술인과 가족에게도 힘이 되면 좋겠습니다.

2025년 잠시 음악과의 전쟁을 멈추고
김정준

차례

여는 글 음악은 다시 솟아오른 삶의 태양이었다   12

문학과 음악을 연주하는 성악가, 김정준   17

칭찬과 기대 속에 한껏 부푼 어린아이   24

숫자와 원리를 흠모하며 살아 보니   32

보이지 않는다, 나의 꿈을 조정해야 할까?   36

성악이라는 신세계   42

호흡을 배우고 소리를 가다듬고   47

입시 불운을 딛고서 미국 유학길에 오르다   51

한 번 더, 독하게 시간을 견뎌 내자	57
한빛예술단과 시작한 한국에서의 연주자 생활	63
'마중', 하무뭇한 사랑이여	76
'금단의 노래(musica proibita)', 마침내 사랑이여	83
오! 나의 'Adelaide' 아가, 나의 '첫사랑'이여	87
나는 음악과 전쟁을 한다	93
지금을 다져 내일을 기대하고	100

문학과 음악을 연주하는 성악가, 김정준

질문, 인간의 가치는 살 만한 것인가?

알베르 까뮈의 에세이 「시지프 신화」는 인간 존재의 의미가 무엇인지를 묻고 답한다. 인간이 존재한다는 것은 어떤 의미가 있을 것인데 이를 고민하면 곧 삶의 무의미함과 충돌한다. 까뮈는 이를 부조리(absurde)라는 개념으로 이해한다.

시시포스는 신에 의해 거대한 바위를 산꼭대기까지 밀어 올리는 형벌을 받고 이를 수행하지만 바위는 꼭대기에 닿기 직전에 항상 굴러떨어졌고 그때마다 그는 처음부터 바위 밀어 올리기를 다시 시작해야 했다. 죽음의 신을 옭아내어 잠시나마 이 세상에 죽음을 사라지게 했던 그의 교만은 결코 성공할 수 없는 과제를 반복하는 형벌로 종결되고 만 것이다. 시시포스의 고통은 큼직한 돌을 밀어 올리는 것이 아니라 산 정상까지 밀어 올렸음에도 다시 굴러떨어지는 현실을 맞닥트리는 것이었으리라.

까뮈가 시시포스의 신화[1]를 빌어 사색한 주제는 삶의 무의미함에 대한 것이었다. 까뮈는 삶의 가치를 찾으려는 인간의 노력에도 아무것도 찾지 못하게 하는 세계, 즉 인간의 노력에 침묵하는 세계와의 갈등을 통해 결국 인간의 삶은 이러한 부조리를 수용하는 것이라 말하고 있다. 그러니까 부조리는 인간이 삶의 허무함을 인정하고 이에 굴하지 않는 것으로 의미를 갖게 되는 것이다. 내일은, 미래는 잘될 거라는 막연한 기대와 그 기대를 기대할 수 없어 선택하는 자살 따위는 삶의 부조리의 의미를 퇴색한다. 시시포스가 고통을 이겨 낼 수 있는 유일한 방법은 이런 끔찍한 고통을 반복하는 것일 뿐이다. 까뮈는 부조리와 투쟁함으로써 살아남으라고, 투쟁 속에선 버티라고 말한다.

까뮈는 삶의 부조리를 응시한다. 그는 허무함이 주는 고통을 인정하며 살아가는 삶을 옹호한다. 시시포스는 굴러떨어지는 것을 알면서도 산 정상까지 바위를 밀어 올리는 일을 반복했고, 이를 운명으로 받아들일 때 비로소 자유로울 수 있었다. 바위를 밀어 올리는 행위 자체가 삶의 의미가 될 수 있기 때문이다. 굴러떨어

---

[1] 전설에 의하면 에피레에 사는 시시포스(Sisyphus)는 어느 날 제우스가 강의 신 아소포스의 딸을 납치하는 것을 목격하고 아소포스에게 이를 알렸다. 이 사실을 안 제우스는 매우 분노하여 죽음의 신을 시시포스에게 보내는데, 그는 자신을 데리러 온 죽음의 신을 묶어 버렸다. 죽음의 신이 제 할일을 못하자 아무도 죽은 사람이 없었고, 이에 곤란해진 전쟁의 신 아레스가 죽음의 신을 도와 구출했다. 죽음의 신이 풀려나자 시시포스는 할 수 없이 지하 세계로 가야 했는데, 죽기 전에 아내 메로페에게 일상적인 장례식을 치르지 말고 자기의 시체도 묻지 말라고 말했다. 지하 세계에 도착한 후 그는 아내의 소홀을 징벌하기 위해 되돌아갈 수 있도록 허락을 받았고(이는 죽지 않으려는 시시포스의 교만한 계략이었다), 일단 집으로 돌아온 후 그는 두 번째로 죽을 때까지 오랫동안 살았다.(Daum 백과)

질 것을 알면서도 다시 밀어 올리는 반복적인 행위는 성취되지 않는 목표로 인해 고통을 만들지만 그 고통에서 벗어날 수 있는 유일한 방법은 산 정상으로 돌을 밀어 올리는 반복되는 일을 하는 것 뿐이다. '시지프는 행복해야 한다고 나는 생각한다.'는 문장은 까뮈가 깊은 사색 끝에 얻은 답을 말해 주는 듯하다.

그리고 답, 살아 내는 것이 인간의 가치

까뮈의 말처럼 인생은 삶의 부조리를 수용하고서야 비로소 살아 낼 수 있는 것이었다. 하지만 나는 이를 깨닫는 데 적지 않은 시간이 필요했다. 나의 삶은 줄곧 삶의 의미를 찾고 좇는 것이었다. 태어난 이유가 있을 거라는 생각 속에서 존재의 의미를 알아내려고 애썼다. 어린 시절에는 주변의 칭찬과 기대 속에서 나의 미래를 상상하고 그렇게 될 거란 믿음 속에서 행복했다.

꿈을 생각하고 꿈을 상상하면서 훗날 세상이 깜짝 놀랄 열매를 위해 지금의 나는 튼튼한 뿌리를 만들어야 한다고 믿고, 부모님과 선생님의 칭찬과 기대, 인정 속에서 하루하루를 알차게 채웠다. 친구들과도 신나고 즐겁게 뛰어놀았고 친구 대부분에게 유쾌하고 친절하면서도 진지하고 의지할 수 있는 존재가 되기 위해 노력했다.(사실 그닥 어렵고 힘든 노력은 아니었다. 친구들은 잘난 체하지 않는 나를 반가워했고 나름 의리 있다고 생각했던 것 같다)

초등학교(내가 다닌 지금의 초등학교는 당시 '국민학교'였다) 4학년 때 흐릿하게나마 보였던 칠판의 글씨 중에서 몇 개의 글자만 보이기 시작하더니 중고등학생 시절을 지나면서 주변이 뿌옇게 흐려지기 시작했다. 보이는 너비가 점차 작아지더니 고2가 되면서는 빨대 구멍 크기만큼만 글자를 확인할 수 있게 되었고 고3이 되어서는 그마저 보이지 않았다. 그리고 그때 나는 수없이 많은 꿈을 찾거나 꾸는 일 따위는 가능할 수 없음을 깨달았다. 하고 싶은 일 중 하나가 아니라 할 수 있는 일 몇 가지 중 하나를 선택해서 미래를 계획할 수 있게 되었을 때 두려움에 발버둥쳤다.

그로부터 나는 노력의 열매 없는, 땀의 수고가 곧 보상이 되지 않는 현실을 맞닥트렸다. 그리고 그때마다 절망을 경험했다. 캄캄한 어둠은 언제든 달려들어 나를 한입에 삼켜 버릴 것 같았다. 어둠은 형체 없는 검은 괴물이었다. 잡아먹힌다는 두려움은 곧 잡아먹혀 버리고 싶은 욕망을 자극했다. 그대로 어둠 속으로 가라앉아 다시는 나를 의식하지 않게 된다면 좋겠다는 바람을 일으켰다.

그러나 나는 다시 나를 의식하고 있었다. 바람대로 칠흑 같은 어둠에 먹히지 않았다. 살아나 또다시 내가 해야 할 일을 찾아내고, 나의 삶을 짊어지고 살아가야 한다는 현실에 던져졌다. 이러한 반복된 상황 속에서 나는 얼마나 괴롭고 고통스러웠는가! 의식은 또 얼마나 나를 고통스럽게 했는가!

  제 몸을 짓누를 만큼 큰 바위를 굴리며 아데스 산을 오르는 시시포스처럼 나는 보이지 않는 눈, 그것이 만든 보이지 않는 세상 속에 존재하는 수없이 많을 장벽을 맞닥트려 주저앉게 될 것이다. 그러면서도 편견과 차별의 눈과 목소리를 짊어지고 인생의 산을 올라야 할 것이다. 그리고 또다시 굴러떨어져야 할 것이다! 나는 이 지독한 삶의 부조리함을 끌어안고 저 깊고, 푸르고, 어두운 바다로 뛰어들고 싶었다. 그러나 나는 시시포스처럼 또다시 굴러떨어지는 나의 '바위'를 밀어 올리는 형벌을 수행하기로 결정했다.

  나의 삶, 나의 음악, 나의 인생은 시시포스의 그것처럼 고되고 허무하나 기꺼이 이를 수행하는 것으로 눈물겹게 아름다웠다. 그리고 앞으로도 그러할 것이다.

?

23
엘리트 코스를 밟은 성악가 김정준

칭찬과 기대 속에 한껏 부푼 어린아이

나는 어릴 때부터 줄곧 어른들로부터 똘똘하다는 칭찬과 함께 '뭐가 됐든 크게 될 녀석'이란 말씀을 들었다. 부모님이야 당신 아들이니 무엇을 하든지 대견하고 똑똑하다 믿으셨겠지만 학교 선생님들은 학생들에 대한 평가가 나름 냉정하셨던 때다.(그때는 한 반 학생 수가 80명 내외였기에 선생님들이 학생 한 명 한 명에게 애정과 관심을 쏟기 어려우셨을 거다. 반 학생 모두의 이름을 기억하시는 것만도 얼마나 놀라운 일인가!) 때문에 나도 부모님도 학교 선생님이 해 주시는 칭찬에 초등학교에 다니는 내내 살짝 들뜬 기분으로 살았던 것 같다.

"정준이 좀 닮아라."

선생님은 쉬는 시간에 떠들며 복도를 뛰어다니거나 친구들과 다투는 아이들의 귓불을 잡아당기셨다.

"아이고 우리 정준이, 화장실 급하구나?"

하지만 선생님은 정작 내가 '좌측통행'(당시에는 학교 복도에서 '질서 있게' 오고 가기를 강조하고 실천을 강권했다)을 하지 않고 뛰었을 때는 이렇게 말씀하시며 웃고 지나가셨다.

선생님이 정말 그렇게 믿고 계셨던 것인지 다른 아이들과 같이 꿀밤을 주거나 귀를 잡아당기면 그동안 나를 모범생으로 치켜세우며 '뭐가 달라도 다르다'셨던 당신 말씀을 스스로 부정하게 되니 급하게 이유를 만들어 주셨던 것인지 알 수 없지만 나는 선생님들의 큰 혜택 속에서 '진짜 모범생'이 되어 가고 있었다. 아니 될 수밖에 없었다. 부모님께서는 내가 나날이 의젓해진다며 칭찬하셨고 나 또한 정말 그런 것 같아서 어깨가 으쓱했다.

그런데 솔직히 말하면 열 살의 나는 사실 의젓하다는 것이 무엇인지는 몰랐다. 나는 교실과 복도에서 뛰고 싶은 것을 참고 수업 시간에 손을 번쩍번쩍 들어 선생님의 질문에 답하거나 청소를 할 때면 책상을 모두 교실 뒤로 쫙 밀고 빗자루질을 하는 등 친구들이 가장 피하고 싶었던 일을 나서서 하는 것으로 선생님의 칭찬에 부응하고 화답했다. 그러니까 하기 싫지만 참고 하는 것, 먼저 양보하는 것이 의젓한 것이라고 믿었던 것 같다.

그리고 보면 열 살 아이의 믿음은 틀리지 않은 것도 같다. 하기 싫지만 참고 하고, 타인에게 양보하는 일은 어른이어도 쉽지 않은 일이니 말이다. 그럼에도 고작 열 살 어린아이가 선생님과 부모님의 칭찬대로 크기 위해 참고 절제하며 지냈다니 지금 생각해 보면 조금은 가엾기도 하다. 그때부터 벌써 열심히 참고, 견디고, 노력하며 산 것 같아서 대견한 마음보다는 좀 울컥해지기도 한다.

열 살 어린아이 김정준은 어른이 된, 아니 황혼의 빛깔을 책임질 나이가 되어 버린 지금의 모습을 상상이나 할 수 있었을까?

선생님과 부모님은 "과학자가 되어라, 학자가 되어라!"며 구체적으로 나의 미래 직업까지도 정해 주고 싶어 하셨다. 내가 산수, 그러니까 수학을 잘했기 때문인데 덧셈과 뺄셈은 물론이고 곱하기와 나누기까지 수의 세계는 그야말로 흥미진진하고 무엇과도 비교할 수 없는 설렘이었다. 명확하게 나누고 더하는 일은 정말 매력적이었다.

초록색 칠판을 등지고 선 선생님을 바라보는 일은 설렘이었다. 눈을 크게 뜨고 내 이름을 불러 주시기만 기다리던 때의 두근거림은 지금도 생생해서 가끔은 내가 가르치던 학생들이 그때의 나처럼 나를 생각하고 바라보았으리라 상상하면 쿡 웃음이 솟는다.

초등학교 산수 시간, 선생님은 초록 칠판 가득 산수 문제를 내주셨고 우리들은 열심히 칠판에 있는 문제들을 공책에 옮겨 적었다. 다 썼을 즈음 선생님은 긴 막대기로 칠판을 한두 번 똑똑 두

드리신다.

"오늘 문제는 누가 나와서 풀어 볼까? 열 문제니 열 명이 나와서 풀면 되겠구만."

선생님이 교실을 휘 둘러보셨다. 이쯤 되면 아이들의 눈동자는 바빠졌다. 선생님과 눈이 마주치면 곧장 칠판 앞으로 나가야 할 테니 콩닥거리는 심장 소리만 교실에 가득해졌다. 선생님은 이제 곧 이름을 부르실 거다. 나를 포함해 대부분의 친구들은 선생님께 이름을 불리지 않기 위해서 머리를 푹 숙이고 공책을 들여다본다. 몇몇은 아직 문제를 옮겨 적지 못한 것처럼 공책 위에서 연필을 굴려 대기도 하고, 문제를 풀어 보려고 눈썹을 찡그리며 고민하는 듯한 모습을 적극적으로 드러낸다. 선생님은 긴 막대기로 어깨를 톡톡 두드리시며 아이들을 둘러보신다. 그러고는 곧장 낮고 느린 목소리로 말씀하신다.

"오늘이 몇 월 며칠인가?"

아이들은 빠르게 '나는 아니구나!' 안심하거나 곧장 두려움에 떤다. 8일이라면 8번, 18번, 28번, 38번… 이렇게 칠판 앞으로 나갈 것이고 어쩌면 8, 16, 24, 32번 순일지도 모른다. 여하튼 두 가지 방법에도 속하지 않는 번호라면 럭키다!

그러나 선생님의 이러한 호명 방식은 내내 이어지지 않았는데 어느 날은 그날 날짜와 같은 번호의 아이가 호명되고 바로 뒤이어 예측되는 번호가 불리는 대신 뭐 이런 방식으로 칠판 앞 문제 풀이 '선수'가 호명되기도 했다.

"옆에.", "옆에 뒤에.", "옆에 뒤에 뒤에 짝!"

그 시절, 나와 친구들은 한껏 긴장된 속에서 선생님의 입을 바라보았지만 그래도 긴장과 설렘 속에서 어떤 쾌락을 찾았고 그것을 한껏 누릴 수 있었다.

어릴 때지만 대부분의 일에 분명한 것을 좋아했던 나는 오직 답이 하나인 수학이 좋았다. 어떤 규칙과 구조에 따라 정확하게 많아지고 적어지는 일은 이럴 수도, 저럴 수도 있는 것이 아니었다. 수처럼 내 생각이나 행동도 하나의 답처럼 일관되고, 명확하고, 정확했다. 우선 할 수 있다고 생각하면 할 수 있다고 말했고, 실행했다. 친구들과의 약속도 미루거나 핑계 대지 않고 잘 지켰다. 친구 간에 벌어지는 크고 작은 다툼에 얽혔을 때는 아주 복잡한 사칙연산이나 함수를 대하듯 즉각 그 자리에서 급하게 답하지 않고 시간을 두고 찬찬히 생각했던 것 같다. 그러면서 내가 할 수 있는 역할이 무엇인지 답을 찾았고, 찾았다면 그렇게 답대로 행동했다.

4학년 때 일인데 당번이 받아 온 우유 중 두 개가 부족한 일이 있었다. 우유 당번은 자신은 정확하게 받아 왔다면서 아이들 중 누가 두 곽을 먹었거나 신청하지 않은 아이가 우유를 먹은 것이라며 "누구냐?"고 반 아이들에게 호통친 일이 있었다. 순식간에 우유 신청을 하지 않은 친구들에게 눈길이 쏠렸고 교실 분위기는 이상해졌다. '먹을 수 없는 자들이 먹었다'는, 누군가 누구를 징벌하는 분위기가 되어 버렸는데 나는 그 상황과 분위기가 더 당황스러웠다.

반장이었던 나는 우유 당번에게 처음 가져왔을 때 우유 개수가 맞지 않았을 수도 있을 거라며 우유 당번과 함께 교무실 옆 창고로 갔다. 서무실(지금은 행정실이다) 선생님이 확인한 결과 처음부터 우리반에 우유 2개가 부족했었다. 아마 우유를 나누던 6학년 형들의 실수였던 것 같은데 일이 그렇게 밝혀지고서도 우유 당번이었던 친구가 반으로 돌아와서 아이들에게 사과하지 않아서 화가 났다. 나는 학교가 끝난 후 교실을 나서는 우유 당번을 불러 세워서 우유를 신청하지 않은 친구들이 먹었다고 단정하고 그들 마음에 상처를 준 행동은 너의 잘못이라고 말하고 다음 날 아침 선생님 조회가 끝난 이후에 꼭 사과해야 힌다고 기듭 말했다.

하지만 우유 당번은 사과하지 않았고, 아이들 또한 사과를 요구하지도 않았다. 그 일은 그렇게 지나가 버렸다. 나는 가만히 있는 친구들이 답답했다. 하지만 그보다 더 화가 났던 것은 전날 아이들을 무시했던 우유 당번이 우리 반에서 힘도 세고 잘 사는 집 아이였기 때문에 친구들이 가만히 있는 것인지도 모른다는 생각이었다.

 아침부터 잠자리에 들 때까지 그 생각은 머릿속에서 떠나지 않았다. 내 생각이 맞을 수도, 맞지 않을 수도 있었다. 아이들은 그냥 흘려버리고 싶었을 수도 있다. 어쨌든 속 시원히 정확한 답을 찾으려던 나의 행동은 간혹 더 복잡한 상황을 맞닥트리게도 했다. 지금은 세상 모든 일에 정확한 답은 없다는 것을 알지만 그래도 답이 있다고 믿고, 그것을 찾으려 했던 지난 인생길을 되짚어 생각하면 어린 시절의 내 모습이 지금까지 살아온 내 걸음의 밑그림이 된 것 같아 웃음 짓게 된다.

 중학생이 되어서도 답을 믿고 답을 찾으며 살고 싶었던 노력은 달라지지 않았다. 어른들의 칭찬과 기대에 어긋나지 않으려고 바른말, 바른 행동을 했지만 그렇게 하는 것이 옳다고 믿었기 때문에 다른 생각은 아예 하지도 않았다. 그야말로 '범생이'처럼 사는 것이 힘들지는 않았다.

 칭찬을 받고 싶다거나 기대에 어긋나기 싫어서라기보다는 바르고 옳다고 배운 지식과 그에 대한 나의 판단과 신뢰, 생각과 행동을 그대로 실천하는 것이 좋았다. 답을 찾아 살면 산수와 수학처럼 분명하고 정확한 결과를 만날 수 있었기 때문이다. 그리고 나는 그 결과를 '진실'로 이해했던 것 같다.

열심히 일하여 얻는 땀의 결실처럼 정답을 찾으려는 노력이 삶의 진실을 좇는 것이라 믿었다. 그리고 답을 좇아 얻은 결실을 결국에 만나는 진실이라고 믿었다. 어른이 되면서도, 어른이 되어서도 맞닥트리는 수많은 일에 정해진 답이 있다고 믿고, 그 답을 찾으려고 할 수 있는 노력을 다하고 낼 수 있는 힘을 다 끌어 썼으니 새삼 참 고단하게도 살았던 것 같아 가슴 깊숙한 곳에서 가볍지만 무거운, 허허롭고 성글지 않은 웃음이 나선다.

숫자와 원리를 흠모하며 살아 보니

수와 원리를 이해하고 따지고 분석하는 수학 공부는 엉킨 실타래를 풀어 가는 듯 깊은 쾌감을 선물했다. 거의 대부분의 일도 수학 공식처럼 물리 공식처럼 해결책이 정해져 있는 것 같았다. 인과성과 힘의 원리를 생각해서 사람들 사이의 갈등과 이해관계를 이해하면 뭐 그리 풀기 어려운 문제도 없었던 것 같다.

우선 학교 고학년 형들과의 권력관계 속에서 살아남아 평안을 누리며 사는 방법쯤은 어렵지 않았다. 형들의 일관성 없는, 그러니까 일관되지 않는 행위의 유형을 파악했다면 그다음은 전혀 어려운 일이 없었다. 형들은 상황에 따라서 또 자기 기분에 따라서 어떤 때는 나를 잘했다고 칭찬하고 어떤 때는 같은 일이어도 잘못했다고 했던 일이 많아서 억울하고 불만도 있었다. 그들은 선생님이 계시거나 더 고학년 형들이 있을 때는 아래 학년인 나를 귀엽다고 했고, 어떤 때는 형한테 대든다며 다소 험악한 분위기를 만들었다. 나는 눈치 빠르게 무리의 역학 관계를 잘 이용하면서 즐겁게 학교생활을 할 수 있었다.

  숫자는 언제나 한 번도 예외 없이 정확하고 공평했다. 나는 다음을 예측할 수 있는 숫자, 정확한 수가 좋았다. 내 미래도, 계획도 내가 좋아하는 수학과 물리처럼 공식과 원리에 따라 그렇게 진행될 것이라고 생각했다. 나의 매일매일도 예측할 수 있고 '답'이 되는, 대부분의 사람들이 답이라 믿는 생각과 행동이었기 때문에 그렇게 살아온 나의 하루가 모여서 예측할 수 있는 미래를 현실로 만들어 줄 거라고 생각했다.

  하지만 현실은 현재를 발판 삼은 원리와 규칙에 의해 도출되는 답이 아니었다. 초등학교 시절 칭찬 가득했던 나의 매일은 곧 닥치는 다른 답을 맞닥트려야 했다.

  나는 기억력이 좋아서 지난 시간까지 배웠던 내용이 무엇인지, 교과서 어디까지를 공부했는지 등을 선생님께 알려 드리며 또 한 번 칭찬을 들었다. 이는 나의 명석한 두뇌 덕분은 아니었고, 뜨겁고 침착하게 단단했던, 선생님의 말씀을 모두 기억하겠다는 의지 덕분이었다.

  나는 그즈음 칠판 글씨가 잘 안 보였다.

  4학년 즈음, 특정 대상과 그 주변 것들이 선명하게 보이지 않았다. 이전부터 보이는 대상이 좀 흐릿했지만 뿌옇다고 생각할 정도는 아니었던 것 같다. 그런데 보이는 대상이 점점 뿌옇게 흐려지더니 선명하게 보이는 범위가 점점 좁아지고 있었다. 나는 크게 당황하거나 놀라지는 않았다. 눈이 나빠지는 것이라고 생각했는데 아마도 책을 너무 많이 읽어서 눈이 피로하기 때문에 나타나는 증상이라고 생각했던 것 같다. 집 책장에 번호대로 꽂혀 있는 세계명작동화집 한 질(그때는 위인전기나 과학전집 등 30권이나 50권 정도의 전집이 환영받던(인기였던) 때였다) 읽기가 목표였는데 이를 좀 열심히 한 탓이겠거니 생각했다.

  세계명작동화는 정말 재미있었다. 한 번도 가 보지 못했던 세상의 다양한 사람들 이야기는 궁금증과 호기심에 숨을 넣었다. 마치 수학 문제를 풀 듯 다음 일이 궁금해지고, 내 추측대로 주인공이 문제를 해결하는 일련의 과정이 재미있었다. 그리고 각양각색 사람들의 생각과 마음이 다소 생경했지만 매우 흥미로웠다. 내가 살고 있는 곳의 시간과는 다른 시간 속에서 살고 있는 사람들과 그들의 말이 내가 쓰는 말과 다르다는 것도, 먹는 음식이 다른 것도, 생김새가 다르고 좋아하고 즐겨 하는 일이 다른 것도 신기하기만 했다.

  그런데 그렇게 재미있게 만났던 문학 속 세상은 현실에서는 문학에서만큼 반갑지도, 재미있지도 않았다. 소설 속 몰랐던, 처음 만났던 세상은 흥미진진하고 모험 가득한 이야기로 채워졌지만 10년 남짓 살면서 만난 뿌옇게 보이는 세상은 찌뿌둥한 몸살 기운처럼 몸도 마음도 무겁고 답답했다. 소설과 현실은 달랐다. 하지만 그 기분 속에서 내내 지낼 수는 없었다. 그리고 사실 그즈음 그 증상은 어느 정도 짐작하고 있었던 것이기도 했다.

  할머니와 아버지에게 망막색소변성증이 있었기 때문에 나의 형제 중 누구에게는 같은 증상이 나타날 수 있다는 것을 알고 있었다. 그리고 어쩌면 그것이 나일 수 있다고 생각하고 있었다. 그리고 유전되는 그 병이 내게 있어서, 나여서 다행이라고 생각했다. 조금이라도 어린 내가 앓는 것이 좀 더 시간을 벌어 눈에 좋은 약을 기대할 수도 있고, 아니면 눈이 좋아지는 다른 방법을 찾을 수 있을지도 모른다고 생각했던 것 같다. 지금 생각해도 어린아이가 참 똘똘하고 당차기도 했다.

보이지 않는다, 나의 꿈을 조정해야 할까?

　초등학교 고학년 즈음 재미있게 읽었던 「80일간의 세계일주」는 주인공 필리어스 포그를 통해서 알지 못했던 세상과 사람들을 만나는 긴장감 넘치는 모험 이야기였다. 그는 내기에서 이기겠다는 마음으로 여행을 떠났지만 인도에서, 또 미국에서 자신들의 문화를 지키며 살아가는 부족민들과 인디언을 만나면서 개방적인 태도로 그들과 그들의 문화를 수용한다. 또 용기 내서 순장될 뻔한 인도 여인을 탈출시키고 이후 그녀와 사랑하고, 결혼도 한다. 그는 자신에게 펼쳐질 미래를 알지 못했을 것이지만 용기 있게 스스로를 믿고 미래에 도전했다.

　나도 그렇게 할 수 있다고 자신했다. 어디서 그런 용기가 생겨났는지 모르겠지만 그때는 소설 속 주인공에게 '들이닥친' 행운이 내게도 있을 거라는 믿음이 확신처럼 자라났다. 80일에서 하루가 지나 영국 런던에 도착한 줄 알고 자신의 모든 재산을 잃을 거라 생각한 주인공은 세계를 여행하면서 시간이 몇 분씩 늘어난 것을 깨닫게 되면서 도착한 바로 다음 날이 약속한 80일이 되는 날이란 것을 알게 된다. 이 얼마나 긴장감 넘치는 행운인가!

나는 소설을 읽으며 지금 세상이 뿌옇게 보이지만 어느 날 아침 눈을 떴을 때는 선명하게! 푸르고 맑은 하늘처럼 또렷하게! 온 세상을 볼 수 있을지도 모른다는 상상을 했다. 그리고 기적처럼 실제 그런 날이 오기를 기도하고 소망했다.
그러나 내 기대와 희망은 그야말로 꿈이었다. 깨어나면 바뀌길 소망하던 그 자리 그대로였다. 오히려 하루하루가 보태질수록 시야는 점점 흐려졌고 또렷하게 보이는 것은 작아지고 좁아지기만 했다.

그래도 나는 참 긍정적이고 씩씩한 소년이었던 것 같다. 게다가 조금 뻔뻔하기도 했던 것 같다. 나는 칠판 글씨를 볼 수 없게 되었을 즈음부터 중학생, 고등학생이 되기까지 옆에 앉은 짝에게 선생님이 판서한 칠판 내용을 불러 달라고 했다. 선생님이 수업하시는 중에 혹 말씀하시지 않고 판시한 내용이 있을까 공부 시간이 끝나면 옆 짝에게 묻고 메모를 보충하거나 불러 준 내용을 받아 적었다. 받아 적는다고 그 내용을 다시 읽기는 어렵지만 한 번 더 듣고 필기하면서 내용을 기억했던 것 같다. 다행히도 친구들 덕분에 성적은 이전과 크게 달라지지 않았고 축구와 농구를 이전처럼 잘하지는 못했지만 매점을 가는 등 공부를 뺀 나머지 친구들과 놀거나 소풍을 가는 학교생활도 그런대로 재미있었다.

중학생과 고등학생 때도 나의 최애 교과목은 수학과 물리였다. 점점 복잡해지는 원리를 이해하는 일은 오히려 잘 보이지 않아서 집중할 수 있었던 것 같다. 함수와 통계는 간단한 수식만 확인하면 되었어서 그다음에는 굉장히 집중된 나만의 세계에서 풀이를 고민하고 진행했던 것 같다. 힘과 속도의 원리를 이해하고서는 아파트 5층 높이에서 공을 수직으로 떨어뜨렸을 때 그 속도를 알아내는 것이나 천둥이 치고 얼마 후에 번개가 치는지, 그랬을 때 비구름은 어느 정도의 거리만큼 떨어져 있는지 등을 알아내는 것은 매우 흥미진진한 게임 같은 것이었다.

두 물체의 속도와 그것이 충돌했을 때 힘의 세기 정도를 예측하고 분석하는 일은 이전부터 내가 좋아했던, 이렇거나 저럴 수 있지 않은, 명확한 답을 변함없이 보여 주었다. 또한 내가 몰랐던 많은 일들의 원리와 원칙 등을 알 수 있는 재미있는 기회였다. 덕분에 왜 내게 망막색소변성증이란 병이 생겼는지 이해할 수도 있었다.

그런데 이 병이 나의 어떤 노력에 의해 병증이 나아지거나 사라질 수 없다는 것, 결국 실명이 될 수밖에 없다는 사실을 바꿀 수 있는 과학적 논리는 없었다. 그것은 과학이 어쩔 수 없는, 과학으로도 알 수 없는 것이었다.(물론 가까운 미래에 이 문제 또한 해결될 수 있을 거라 믿고 있다) 수학과 과학이라면 세상 모든 일을 풀어낼 수 있을 거라고 믿었는데 세상 일은, 세상의 어떤 원리는 내 좁은 생각 안에 머물러 있지 않았다.

갈수록 시야가 흐려지고 좁아지면서 운동을 하거나 친구를 만나는 일은 뜸해졌다. 공부하는 시간이 더 많이 필요했기 때문이다. 오늘 공부한 시간은 전날 공부한 시간보다 많았지만 시간에 비해 공부한 양은 점점 적어졌다. 꼬박 몇 시간을 책상에 앉아 있었지만 그날 학교서 배운 내용을 복습하기도 버거웠다. 잠을 줄여도 보고 친구들 만나는 일도 삼갔지만 다음 날 배울 내용을 예습하는 것은 어려운 일이었다. 솔직히 시간이 지날수록 초조해졌고 무엇보다 아무것도 할 수 없게 될까 두려웠다.

그때마다 마음을 안정시켜 준 것은 음악이었다. 좋아하는 문학 작품을 읽기 어려워지게 되면서 음악을 많이 들었다. 클래식 음악과 성악곡이었는데 특정 악기가 자극적으로 마음과 귀를 뚫고 들어와 괴롭히지 않아서 편안했고 또렷하게 전달되는 가사와 개성 있는 성악가의 목소리도 깊은 울림을 주었다. 온 신경을 집중하고 애써야 보이는 좁은 세상 속에서 갑갑함과 두려움을 느낄 때마다 음악은 위로가 되었고 '잠잠하라' 속삭이며 토닥토닥 마음을 정돈시켜 주었다.

고등학생 때 테너 박인수 성악가의 〈향수〉를 들으며 푸근한 쉼을 경험했던 적이 있다. 정지용 시인의 시 〈향수〉에 곡을 붙여 이동원 가수와 함께 부른 곡은 정답고 편안했다. 정지용은 우리나라를 대표하는 시인 중 한 사람으로 많은 사람들이 알고 있고 그의 〈향수〉 또한 널리 알려진 시이기도 했지만 고향집 옆 개울물 소리가 들리는 듯한 나른하고 편안한 정서는 박인수 성악가의 목소리를 통해 더욱 깊고 넓게 증폭되는 것 같았다. 집을 떠나 온갖 풍파를 겪으며 살아온 화자가 회상하는 고향은 정겹고 고와서 슬프기까지 했다. 고향의 풍경과 사람들에 대한 사랑이 만들어 내는 향수는 고단하던 그때 나의 조급한 하루를 잠잠히 지나올 수 있게 도와주었다.

위로와 평안함을 선물했던 음악은 비단 박인수 성악가의 연주만은 아니었다. 엄정행 성악가의 〈그리운 금강산〉이나 〈목련화〉 등은 몇 번이고 테이프를 돌려감기하면서 들었다. 훗날 엄정행 성악가는 은사님이 되셨지만 즐겨 듣던 당시만 하더라도 내가 성악가가 될 거라고는 생각하지 못했기 때문에 그저 두 분의 성악 연주를 들으며 많은 시간과 수많은 복잡한 일이 생각으로든 마음으로든 맑고 투명하게 정제된 목소리라고 생각했던 것 같다. 듣는 이에게 가사의 느낌과 다음 이야기, 성악가의 목소리와 곡의 분위기를 묻는 곡은 내게 또 다른 질문을 하는 것 같았다. 힘 있고 청명한 성악가의 목소리를 빌어 물었다.

"그래서 너는 무엇을 할 것인가?"

점점 할 수 없게 되는 것이 많아진다고 생각하면서 그 일을 하나하나 꼽고 있기만 했던 내가 눈이 안 보여도 할 수 있는 일은 무엇인지, 그래서 나는 무엇을 할 것인지 생각해야 했다. 수학자, 물리학자가 되고 싶었던 내 꿈은 수정되고 조정되어야 했다.

'그렇다면 나는 무엇을 할 수 있을까?'

반드시 홀로, 당당하게 살아가고 싶었던 꿈은 어떤 상황에서도 버릴 수 없었다.

성악이라는 신세계

대학 입시를 치르던 날을 잊을 수 없다. 주어진 환경 속에서 최선을 다해 시험을 준비했다. 단언컨대 치열했다. 볼 수 없을 때를 생각하면 하루도 허투루 보낼 수 없었다.

보이지 않게 되면 곧 장애인이고, 장애인을 보는 사람들의 시선을 생각하노라면 어디서든 무시받지 않을 직업을 가지고 있어야 했다.

'앞 못 보는 소경', '병신'이란 소리가 흔하던 시절 나는 세상의 편견으로부터 나를 지키고 싶었고 보란 듯이 내 자리에 서서 사람들의 부러움과 칭송받기를 목표로 열심히 공부했다.

보기 어려웠으므로 더 많은 시간을 공부했고 어머니와 형들의 도움을 받아 읽어 주는 책 내용을 통째로 외워 버렸다. 덕분에 역사나 윤리, 사회 교과 성적도 나쁘지 않았다. 어머니와 형들이 읽어 주는 내용을 녹음했다가 여러 차례 들으면 자연스럽게 주요 내용을 추려 낼 수 있었을 뿐만 아니라 외우는 일도 어렵지 않았다.
 어린 시절 '칭찬 받는 어린이'란 평가가 자부심이었던 나는 그 덕분인지 수업 시간에 집중하는 것이 이미 몸에 배어 익숙했기 때문에 수업 시간 선생님 말씀과 강조하셨던 내용을 책을 '읽으며' 다시 확인하는 방식으로 공부할 수 있었다.

 그런데 문제는 영어와 국어였다. 지문을 모두 외울 수는 없었기 때문이다. 단편적 지식을 묻는 교과와 달리 전후 맥락을 알아야 하는 국어와 영어는 공부 시간이 몇 배로 더 필요할 뿐만 아니라 그렇게 하더라도 좋은 성적을 기대할 수는 없는 과목이었다. 시험지를 받아 질문을 읽어 내는 것도 정말 어려운데(그때 나는 시험지를 들어 눈앞에 바짝 갖다 대고 바늘귀만한 면적에만 들어오는 글씨를 하나하나 읽어 냈다. 문장의 경우 쭉 이어서 읽기가 어려웠기 때문에 지문을 이해하고 문제를 푼다는 것은 어려웠다) 지문 내용을 이해하기까지는 시간이 더 많이 필요했다.

 그래도 믿을 수 있는 것은 수학과 과학 과목이었다. 풀어낸 문제는 모두 맞혔다. 나는 대학 입시에서 만족스러운 성적을 빚지 못한다 해도 그것이 온전히 나의 실력을 말하는 것은 아니라고 스스로에게 계속 말하고 있었다. 한껏 상한 자존심을 회복하기가 어려워서 주문을 외듯 나를 안정시켜야 했다.
 공부를 하면서 불쑥불쑥 치밀어 오르는 억울함을 달래기 어려울 때마다 스스로 마음을 다독이는 것으로 울분을 잠재웠었다.

그리고 드디어 시험 당일 잠잠한 마음을 칭찬하며 교실로 들어갔다. 그런데 아뿔싸! 여전히 행운은 내 편이 아니었다.

시험을 치를 내 자리는 창가 쪽 맨 뒷자리였다. 마침 겨울이고, 또 시험을 보는데 창가 자리는 나쁘지 않다. 적어도 햇살이 주는 위로가 있으니까. 그런데 내게는 그것이 독이었다. 커튼도 없는 창문을 뚫고 햇빛이 OMR카드에 내리꽂혔다. 카드를 조금 움직여 보아도 햇빛이 주변 물건에 부딪혀 꺾이고 굴절되어 오히려 빛은 더욱 어른거렸고, OMR카드 빈칸을 찾을 수 없었다. 이름을 쓰는 곳도, 객관식 답을 표시할 동그라미 속 숫자도 제대로 보이지 않았다. 정해진 시간 안에 문제를 보는 것도 큰 산을 넘는 일인데 답을 표시할 카드에까지 빛이 내리니 나의 첫 입시는 그야말로 눈부신 겨울 햇살 속에 치러진 합격과의 이별이었다.

목표하는 대학에 갈 수 없을 성적이 나올 수밖에 없다는 것을 알고 공부를 하면서도 수없이 마음을 비워 냈지만 지독하게 운도 따라 주지 않는 나의 열아홉 살 인생이 억울해졌다. 그래도 어쩌랴, 내가 할 수 있는 일은 다시 또 내가 할 수 있는 일을 찾는 것밖에는 없는 것을. 열아홉의 겨울, 나는 찬란해서 더 슬펐던 첫 번째 이별을 묵묵하게 받아들였다.

'물리학자의 꿈이여, 안녕.'

'대학생 김정준, 안녕!'

　시험을 치르고 집에 돌아와 드러누웠다. 잘 보이지도 않는 천장을 한참 바라보아도 머릿속은 점점 하얘지기만 할 뿐 아무 생각도 할 수 없었다. 얼마나 그렇게 있었을까, 평소처럼 카세트테이프 플레이어 재생 버튼을 꾹 눌렀다. '딸깍' 하는 작은 소리와 함께 성악 연주가 시작됐다. 엄정행 성악가가 부른 〈목련화〉다. '〈그리운 금강산〉은 이미 지나갔나 보다. 앞으로 돌려 그 노래부터 들을까?' 하다가 마음을 바꿔 그대로 들었다. 엄정행 성악가 독창 1집 카세트테이프를 사고 몇 번이나 들었던 것 같다. 오케스트라의 연주도 웅장하고 이를 압도하는 성악가의 목소리는 들을 때마다 구름 가득한 하늘에서 강하고 날카롭게 떨어지는 한 줄기 빛처럼 강렬했다.

　〈목련화〉를 듣고 있는데 그날따라 유독 가사가 가슴에 콕콕 박혔다. 누워 있는 내 가슴 위에 가사가 꼭꼭 눌려 찍히는 느낌이었다. 가사는 성악가의 목소리를 통해 나를 목련이라 호명하며 강인하게, 아름답게 살아가라 말하는 것 같있다. 그리고 그 말을 다짐하려는 듯 내 가슴에 새기고 있는 것 같았다. 순간적으로 먹먹한 통증이 느껴졌고 그와 동시에 까닭을 알 수 없는 눈물이 흘렀다. '추운 겨울 헤치고 온 봄 길잡이 목련화'를 상상하니 눈물과 함께 가슴 깊숙한 곳에서 다시 일어서겠다는 결심이 기지개 켜고 있음을 알 수 있었다.

'그래, 값있게 살아 보자.'
'값있게 살아가자!'

 마음을 다졌다. 그리고 번뜩 성악을 하겠다는 마음도 솟았다. 음악을 좋아하고 또 제법 노래도 했고, 보지 못한다고 해도 악보를 외운다면 가능할 것 같았다. 그리고 다른 이들과는 다른 나의 삶이 음악을 이해하고 해석하는 데에도 도움이 될 거라 생각하니 한 번도 해 보지 않았던, 경험해 보지 않았던 세계에 대한 두려움보다는 설렘이 생겼다. 할 수 있을 거란 자신감도 스멀스멀 차올랐다.

호흡을 배우고 소리를 가다듬고

독일의 도시 라이프치히는 학문과 음악, 문학 등 예술의 도시다. 학문과 예술에 대한 진지한 고민과 탐구는 도시의 전통이고 문화적 저력이었다. 1830년 하이델베르크에서 법을 공부하던 한 청년 또한 라이프치히의 매력에 빠져들었다. 그는 문학과 음악 사이에서 장래를 고민하다가 마침내 음악가의 길을 선택했다. 그리고 어머니에게 편지를 써서 자기의 결심을 털어놓는다.

> 제 재능의 수호신을(Genius) 따라가다 보니 예술 쪽으로 저를 인도해 주었어요. 제 생각에는 제대로 길을 잡은 것 같습니다.[2]

청년의 어머니는 아들이 음악을 시작한 것이 다른 이들에 비해 늦은 나이였기 때문에 음악을 해서 먹고살 수나 있을까 염려했

---
2) 나성인, 「하이네 슈만 시인의 사랑」, 풍월당, 2019, 22면.

다. 어머니는 고민 끝에 아들을 가르쳐 줄 교수에게 아들이 재능이 있는지, 잘할 수 있겠는지 묻는 편지를 보낸다. 그리고 피아니스트가 되고 싶었던 아들의 지도교수로부터 편지를 받는다.

> **제가 아드님을 맡아 지도하겠습니다. 그의 재능과 상상력으로 보건대 삼 년 안에 지금 활동 중인 피아니스트 중 최고 수준으로 성장시킬 수 있을 것 같습니다. 아드님은 어쩌면 모셸레스(Ignaz Moscheles, 1794~1870)보다도 더 정감 있고 재기발랄하게 훔멜(Johann Nepomuk Hummel, 1778~1837)보다도 더 장려하게 연주하게 될 겁니다.**[3]

법학도였지만 피아니스트가 되기 위해서 음악을 공부하기로 결정한 청년은 널리 알려진 로베르트 슈만(Robert Schumann, 1810~1856)이고 슈만을 최고 수준의 피아니스트로 성장시킬 수 있다고 자부한 선생은 프리드리히 비크(Friedrich Wieck, 1785~1873)였다.

나도 슈만처럼 음악을 하겠노라 어머니에게 편지를 썼다. 슈만의 글을 따라서 나의 재능을 발견했노라고, 잘할 수 있을 거라며 자신감 있는 몇 문장을 눌러 담았다. 어머니는 편지를 받고 며칠이 지나서도 아무 말씀이 없으셨다. 일주일이 지날 즈음 어머니의

---

3) 위의 책, 23면.

침묵이 무서워져서(어머니가 하시는 고민이 무엇일까 짐작하다 보니 생각은 무섭게 가지를 뻗어 가며 나를 질식시킬 것 같았다. 나는 나에게만 생각을 집중했다. 나의 미래와 살아갈 날에 생각을 모았다) 되든 안 되든 말씀을 해 달라 한 번 더 편지를 보냈다.

어머니와 아버지는 아들이 물리학자의 꿈을 포기한 것에 크게 상심하셨던 것 같다. 아들이 허투루 꿈꾸고 포기했기 때문이 아니라 대학 입시라는 아들 앞의 첫 번째 장벽을 맞닥트리면서 가까운 미래에 전맹이 될 아들 앞에 닥칠 다음, 그다음 장벽을 생각했기 때문이었다. 부모님은 장벽의 어마어마한 위력과 그것에 의해 산산이 부서질 수 있는 아들을 걱정하셨다. 부서질 것을 알면서 달려들 아들이기에 더 걱정이 컸고, 슬퍼하셨던 것이다. 걱정보다 더 크고 깊은 슬픔, 꿈이 꺾여 버린 아들의 마음을 가늠하는 부모님의 눈물은 내가 하지 않은 수많은 생각들을 담고 있었다.

그럼에도 부모님은 결국 나의 결심과 뜻을 인정해 주셨다. 상처받고 아파할 막내아들을 생각하면 아들보다 더 아파하실 테지만 지금까지 하셨던 것처럼 다시 또 마음으로 울기를 결정하신 것이다. 나는 슈만처럼 어머니에게 성공이란 열매를 드리고 싶었다. 명성을 얻어 그날의 영광의 시작이 오늘의 결정이었음을 기쁘게 공표하고 싶었다.(물론 이후 슈만처럼 고통스러운 사랑을 하고 고뇌 속에서 정신병을 앓게 되는 것까지는 아니었다) 그리고 내 삶의 의미와 가치를 만끽하고 싶었다. 자랑스러운 나, 어디에 내

어놓아도 부끄럽지 않은 삶을 살아가겠노라 다짐했다.

고등학교를 졸업한 해 3월부터 성악 레슨을 받았다. 호흡과 발성법을 배우고 목소리를 조율하는 연습은 해 볼 만한 일이었다. 나는 레슨을 받는 전체 시간에 몰입했다. 하루도 빼놓지 않고 연습에 연습을 거듭했다. 그렇게 한 달여 꼬박 배움과 연습에 매진했을 즈음 선생님과 헤어져 집으로 돌아오는 길에 교통사고를 당했다. 횡단보도를 건너는데 신호를 위반하여 달려오는 자동차를 미처 피할 수 없었다.

교통법규를 지키지 않은 운전자에게 화가 났지만 세상이 희뿌옇게 보이는 상태로 달려오는 차를 기민하게 피할 수 없어서 사고가 났다는 자책도 적지 않았다. 하지만 더 속상하고 화가 났던 것은 사고로 생긴 통증이었다. 목소리를 내는 것도 힘들었지만 책상에 엎드려야 그나마 글씨를 읽을 수 있는데 사고 이후에는 그마저 어려워졌기 때문이다. 통증 때문에 공부를 할 수 있는 시간은 이전의 절반도 되지 못했다.

눈의 가운데 시력을 잃어가며 점점 희뿌옇게 흐려지는 세상 속에서 참 질기게도 따라붙은 불운을 탓했지만 그래도 이전처럼 다시 또 그 상황에서 할 수 있는 일을 찾는 것으로 우울감에서 탈출하려고 노력했다. 참 감사한 것은 그래도 부모님께서 물려주신 목소리 덕분에 통증 속에서도 안정적인 저음을 가꿔 가며 노래할 수 있었던 거다. 나는 차분히 발성과 호흡에 집중하며 입시 준비를 계속할 수 있었다.

입시 불운을 딛고서 미국 유학길에 오르다

　음악대학 입시를 준비하면서 서울대학교와 연세대학교 음악대학은 우선적으로 목표 대학에서 제외되었다. 두 대학은 실기시험으로 시창을 했는데 실기고사장에서 주어지는 악보를 보고 그 자리에서 바로 노래하는 방식이었다. 그러니 사실상 서울대와 연세대에는 시각장애인 지원 자체가 불가능할 수밖에 없었다. 실기시험에 나올 예상 곡이 500여 곡쯤 되니 이를 모두 외운다면 가능할까, 그렇지 않다면 아무리 실력이 있다고 해도 입학은 어려웠다. 나는 지원자의 음악성을 입학의 주요한 기준으로 삼는 한양대와 경희대 음악대학을 목표로 입시를 준비했다. 두 대학은 실기시험에서 시창을 하지는 않았고 독일과 이태리 가곡을 뺀 기악곡 중 하나를 노래하는 방식으로 실기를 치렀다. 대략 20여 곡을 외우면 시험을 치르는 것이 가능할 것 같았다.

　그런데 그렇게 애쓰고 애썼는데도 이어지는 나의 불운은 쉽게 나를 놓지 않았다. 교통사고 후유증 속에서도 수능 시험 준비도 성실하게 했다. 내년에는 정말 아무것도 보이지 않을지도 모른다는 두려움이 만든 간절함은 내 몸 어디선가에서 힘을 만들어 내고 있었다. 책상에서 엎드려 책 읽기가 어려워지면 방에 누워 책을 보며 주요 내용을 암기했고, 침대에 누워 수학 문제를 풀며 입시일을 기다렸다. 실기도 정말 열심히 준비했다. 지독하다는 말쯤 우스개로 넘기면서 뜨거운 여름에도 얼음물 먹지 않고 목을 보호했고, 규칙을 세워 가며 목을 최고의 상태로 유지하는데 힘을 쏟았다.

그리고 드디어 실기시험일. 반주자 선생님과 시험장에 들어섰을 때 나는 편안한 마음이었고 심지어 떨리지도 않았다. 그런데 이게 웬일인가! 반주가 시작되고 몇 마디 지나지 않았는데 바리톤인 나와 음이 맞지 않는 것이었다. 반주와 내 목소리는 연주가 끝나는 내내 각각 다른 영역에서 자유롭게 유영하고 있었다.

그렇게 실기시험은 끝났다. '어떻게 되었을까?' 결과가 궁금할 것도 없이 이번에도 틀렸다. 낙방이다. 반주자 선생님은 반주가 시작되고 바로 문제를 알아차리셨다지만 반주를 멈출 수는 없었다. 규정상 반주를 다시 하는 것은 부정 입시라고 간주되었기에 그대로 진행할 수밖에 없었다. 소프라노 반주와 바리톤 목소리의 부조화라니. 당시에는 몰랐지만 지금 생각하면 훗 웃음이 터진다. 시험을 치르고 나와서 알고 보니 그 사달은 악보가 뒤섞인 때문에 벌어진 일이었다. 내 뒤에 시험을 치를 학생이 소프라노였는데 그 학생이 자신의 악보를 내 악보 위에 올려놓았고, 반주자 선생님이 소프라노 악보를 가지고 실기시험장으로 들어가신 거다. 반주자 선생님은 너무 미안해하셨지만 어쩌겠는가, 이것 또한 내 운인 것을!

그렇게 음악대학 첫 도전은 끝나 버렸다. 그리고 시작된 세 번째 도전에서는 하늘도 무심하지 않으셨는지 행운이 따라 경희대학교 음악대학에 합격할 수 있었다. 내가 지원한 해 암기해야 할 기악곡이 비교적 어렵지 않은 것들이어서 마음이 편안했다.

경희대 입학을 앞두고 고등학교 때 즐겨듣던 성악가 엄정행 선생님이 교수님으로 계신 곳이라 설레기도 했지만 잘하겠다, 나를 증명해 보이겠다 결심했던 무게를 느끼며 4년 내내 목소리만큼이나 무겁고 진지하게 지냈던 것 같다.

그리고 3학년 무렵에는 그야말로 '타는 목마름'으로 미국 유학을 결심했다. 이제 머지 않아 뿌옇게도 세상을 볼 수 없을 텐데 그때 내가 할 수 있는 일은 무엇일까 생각하면 유학을 마치고 교수가 되는 것이 내 생의 주인 되어 실 수 있는 유일한 길이라는 확신이 들었다. 영어 공부를 더 많이 해서 학교서 요구하는 일정 정도의 토플 점수를 준비해야 했다. 그리고 잘 보이지 않는 눈으로 혼자서 생활할 수 있을까 하는 두려움을 이겨 내야 했다.

그런데 낯선 곳에서 혼자 지내야 한다는 두려움은 구체적으로

그릴 수도 함부로 기대할 수도 없는 나의 미래를 생각할 때마다 달려드는 두려움을 이길 수는 없었다.

나의 미래를 생각하고 꿈을 실현하고자 선택한 대학은 미국 인디애나대학교였다. 1999년 2월에 경희대학교 음악대학을 졸업하고 같은 해 8월에 미국에 도착했다. 마음이 흩어질까 졸업 준비와 동시에 유학 준비를 서두른 때문이다. 미국에서는 성악과 함께 컴퓨터공학을 부전공했다. 학비는 부모님께 도움받았지만 생활비 만큼은 스스로 해결하고 싶었다. 그러다 보니 1주일에 3일 이상 밤을 새워야 할 정도로 과제도 많았고 크고 작은 프로젝트도 많았다. 게다가 다른 친구들에 비해서 나의 공부 속도는 거북이 걸음이니 시간에 더 쫓길 수밖에 없었다. 그때는 정말 하루가 30시간쯤 되었으면 좋겠다는 생각으로 살았다.

시각장애인임을 밝히고 도움을 요청하면 학교에서나 같이 공부하는 학생들이 적극적으로 도움을 주었지만 제출해야 할 과제와 발표, 시험, 프로젝트는 온전히 내 몫이었다. 이 모두를 만족할 만큼 할 수 있는 방법은 없었다. 젊음을 믿고 잠을 줄이는 것이 내가 할 수 있는 비책이었다.

석사과정에서는 경제적 활동을 할 시간이 부족할 것을 잘 알고 있었기 때문에 학부 과정에서 미국 생활의 경제적 부분을 다져 놓고 싶었기 때문에 건강에 문제가 생기기도 했지만 멈출 수 없었다. 부모님이 물려주신, 눈을 뺀 나의 육체와 체력을 믿어 가며 하

인디애나대학이 있는 블루밍턴 거리

루를 버티고 학기를 마쳤다.

 컴퓨터공학 전공 덕분에 사업을 해서 돈도 좀 벌었다. 미국 인터넷 쇼핑몰 이베이에서 컴퓨터 오픈소스 운영체제 리눅스를 판매하고 컴퓨터도 조립해서 판매했다. 학교서 공부한 것을 이렇게 바로 활용하여 돈을 벌고 있는 것이 재미있었고 신기했다. 무엇보다 제법 쏠쏠한 돈벌이가 되어서 좋았다. 한 달에 3천 불 이상 벌면서는 내 계획대로 부모님께 경제적인 어려움을 좀 덜 드릴 수 있게 되어서 유학 생활이 좀 가벼워졌다. 주머니가 두둑하니 걸음도 가볍고 공부에 대한 열정도 커졌다. 역시 돈은 여러모로 힘이 되는 것이었다.

 일하면서 나는 '하루 세 시간 이상 일하지 말자!'고 나와 약속했다. 매출이 늘어 돈을 더 많이 벌 때는 약속을 파기할까 마음이 심하게 흔들렸지만 그때마다 눈 꼭 감고 내가 미국에 왜 왔는지를 생각했다. 부모님께 도움을 덜 받는 것으로 나를 걱정하는 부모님의 마음을 편안히 해 드리는 것으로 딱 그만큼에서 만족하기로 했다. 곧 나는 석사과정에 도전해야 했다.

한 번 더, 독하게 시간을 견뎌 내자

나는 'Indiana University Jacobs School of Music, Voice & Opera' 석사과정 입학에 도전했다. 인디애나대학교는 미국 내 음악대학으로는 1위 대학으로 내가 석사과정에 입학할 당시 성악 전공 정교수만 20여 명 이상이었고 교내에 10개의 합창단, 16개의 오케스트라가 있었으며 성악 전공 석사과정생만 150명 이상이었다. 규모로도 줄리아드 음악대학의 5배에 달하는 미국 내 최대 규모, 최고 권위의 음악대학이었다. 그래서인지 유학생에게 요구하는 어학 실력 정도도 높아서 입학이 어렵다는 것은 이미 널리 알려진 사실이었다.

인디애나 음악대학 석사과정 입학을 위해서는 560점 이상의 토플 점수가 필요했다. 나는 정말 다행스럽게도 한국에서부터 영어를 준비하고 인디애나대학 학부에서 공부했기 때문에 요구하는 어학 점수를 맞출 수 있었다. 그런데 석사과정을 시작하자마자 박사과정 입학을 위한 토플 점수가 600점으로 상향 조정되어 버렸다. 아! 이것은 나의 입시 불운의 연속인가 싶어서 석사과정 입학 직후부터 걱정을 짊어졌다. 하지만 어쩌랴! 이것 또한 나의 삶인 것을. 나는 현재에 집중하기로 했고 다시 또 이 악물고 버텨 내야 하는 혹독한 시간을 꾸려 갔다.

볼 수 없다는 이유로 강의에서 특혜를 받기 부끄러워서 보이지 않는다는 사실을 절대 먼저 말하지 않았다. 악보에 돋보기를 바짝 들이대고 한 음 한 음 확인하며 연주할 악보를 외워 버렸다. 그리고 연습하면서는 보이는 것처럼 자리에 서서 연주했고 독창을 할 때는 동선까지 미리 확인하고 머릿속에 이동 방향과 걸음 수를 저장했다. 과정 중 오디션을 치를 때에도 보이지 않는다는 것을 말하지 않았더랬다.

그런데 석사과정 동기들이 이를 몰랐을까? 지금 생각해도 그때 나는 참 경직되어 있었던 것 같다. 과정을 마치고서야 친구들로부터 나의 어색했던 움직임에 대한 이야기를 듣고 나서는 보이지 않는 것을 숨기려던 내가 부끄러웠다. 친구들은 내가 지휘자를 보지 못하고 딴 곳을 보거나 무대에서 다른 방향을 향해 서서 노래하는 것을 보았다. 그들은 그때 이를 내게 말하지 않았는데 이후 한국에서 연주할 때 같은 내용의 이야기를 듣게 되면서는 인디애나에서 함께 공부했던 동기들 한 명 한 명에게 뭉클하도록 고마움이 솟았다. 말해 주는 것도 나쁘지 않지만 때론 진실이어도 말하지 않는 것이 상대에게 힘이 되고 위로가 된다.

교수님들의 도움과 동기생들의 뜨거운 응원 속에서 석사과정을 무사히 마칠 수 있었다. 일주일 중 이틀, 사흘을 꼬박 밤새워 가며 악보를 외우고 곡을 연습했다. 오페라 가수가 되겠다는 열망 속에서 연주할 곡을 이해하기 위해 음악사도 공부했고 작곡가에 대해서도 열심히 연구했다. 관련 책을 찾아 탐독하며 노트하는 일에도 많은 시간과 에너지를 쏟았다. 독서와 학습, 반복되는 발성과 연주 연습은 음악에 대한 사랑이 없었다면 불가능했을 것이다.

석사과정을 공부하면서 미국 유학을 결심한 처음 생각은 달라져 있었다. 성악 공부를 하면 할수록 유학을 다녀와서 교수가 되겠다는 내 목표는 음악에 대한 집요한 사랑으로 바뀌어 가고 있었다. 그런데 그 목표가 달라지고 있었다. 석사 공부를 하면서 곡을 이해하고 창작 배경과 동기 등을 공부하고 연구하다 보니 직업으로서의 성악인이 아니라 성악가가 되고 싶어졌다. 나도 모르게 음악을 사랑하게 되었고 마음을 울리는 시인의 말 한마디, 시 구절이 작곡가에 의해 노래로 태어나는 가곡을 흠모하게 되었다. 아름다운 곡을 성악가와 피아니스트가 조화롭게 재현한다면 듣는 이들의 마음속에는 시를 사랑하는 마음, 음악을 사랑하는 마음이 자라난다.

나는 문학과 음악, 관객이 만나 하나가 되는 아름다운 체험을 오랫동안 하고 싶었다. 책을 읽고 상상하고 이를 음악으로 표현하는 일을 사랑하게 되어 버린 것이다.

인디애나대학 학생회관

인디애나대학 중앙도서관

욕심이 생겼다. 더 많이 알고 싶었고 더 잘 연주하고 싶었다. 나는 계획대로 박사과정과 동시에 이태리 밀라노 Donizetti Academia 최고연주자과정에 도전했다. 결코 쉽지 않은 도전이었고 욕심일 수 있었다. 우선 박사과정을 공부하기 위해서는 학교에서 요구하는 더 높은 수준의 어학 실력을 갖춰야 했다. 학교는 토플 점수 600점 이상을 요구하며 시각장애가 있는 내게는 정해진 어학 시험 시간의 1.5배 시간을 주었지만 눈이 아파서 계속 글자를 읽기는 어려웠다. 확대 시험지도 아니어서 돋보기로 글자를 읽어 가며 시험을 치러야 했다. 듣기와 문법, 독해로 구성된 6시간의 시험을 치르는 것은 정말 어려운 일일 뿐더러 내 실력을 온전히 발휘할 수 없는 조건이었다.

나는 학교서 요구하는 듣기와 문법, 독해 평균 600점을 넘긴 지난 1년치 토플 시험 5회분의 성적을 가지고 음악대학 교무처를 찾아갔다. 이를 바탕으로 내가 박사과정 입학이 가능한 600점 이상의 어학 수준임을 증명할 요량이었다. 하지만 나의 '호소'는 받아들여지지 않았다. 학교가 내게 제안한 것은 시험을 두 번으로 나누어 치르되 세 과목 각각의 점수를 모두 600점 이상 받는 것이었다.

학교는 내가 장애인이라고 해서 특혜를 주지는 않았다. 듣기와 문법, 독해로 나눠진 세 과목 시험을 두 번에 걸쳐 치르되 세 과목의 평균 성적이 아니라 세 과목 모두 600점 이상이 되어야 한다는 조건이었다. 어찌 보면 조삼모사(朝三暮四)일 수 있는 제안이었지만 오히려 나를 더 호되게 몰아붙이는 의지를 촉발해서 고맙기도 했다. 여기까지 어떻게 왔는지를 거듭 새기며 결코 순탄치 않았던 시간 속에서 나를 믿고 저벅저벅 걸었던 시간을 환기할 수 있었다.

  나는 다시 또 묵묵히 걷기로 했다. 환경과 조건에 대한 불평 없이, 보이지 않는다는 나의 조건에 투정하지 않고 나를 증명해 보이고 나의 존재의 가치를 좇는 일련의 도전을 멈추지 않기로 했다. 박사과정 입학과 함께 목숨을 건 음악과의 전쟁이 마침내 신호탄을 쏘아 올렸다.

한빛예술단과 시작한 한국에서의 연주자 생활

나는 미국에서 두 번의 독창회 연주를 통해서 한껏 고양되어 있었다. 나의 열정에도 만족스러웠고 치열하게 연주를 준비하고 가곡을 해석하며 문학작품을 통해서 스스로를 검열하고 있는 모습도 대견했다. 내 정신과 육체의 에너지를 집중하는 그 시간은 힘겹고 고통스러웠지만 행복과 기쁨이기도 했다.

하이네의 시를 읽으며 생명의 아름다움에 공감했고 이에 곡을 붙인 슈만의 가곡을 연주하면서는 자연과 사랑에 대한 하이네와 슈만의 상상을 좇을 수 있었다. 그리고 성악 연주를 통해서 이를 또 한 번 나의 해석으로 풀어내는 일을 할 수 있다는 것만으로 나는 신에게 귀한 선택을 받은 사람인 것 같았다.

  기적처럼 아름다운 오월에
  온갖 꽃봉오리 움터 오를 때
  그때 내 마음속에서 사랑이 솟아난 것이라네

> 기적처럼 아름다운 오월에
> 온갖 새들 노래할 때
> 그때 나는 그녀에게 고백했네
> 내 그리움과 갈망을

슈만과 하이네의 〈시인의 사랑〉 중 '기적처럼 아름다운 오월에'이다. 낭만주의 음악가로 명성을 얻은 슈만은 작곡과 음악 비평으로도 역량을 펼쳤다. 하이네의 시에 곡을 붙인 가곡은 5월의 봄의 화려함이 가득하다. 화자의 사랑 고백은 봄이기에 가능했을 것이다. 시의 화자는 생명의 생기가 가득한 계절의 정서에 취해 사랑을 고백하지 않을 수 없었을 것이다. 하지만 그 사랑의 고백은 성공할 수도, 어쩌면 거절당할 수도 있으리라. 답을 확신할 수 없어 불안하지만 그래서 더욱 아름다운 고백이다.

시(詩)는 말(言)을 가지고 집(寺)을 지은 것이라 한다. 그러니 가곡을 연주하는 성악가는 시인의 말을 사람들에게 전달하는 이들이다. 시인의 말을 최대한 잘 표현하여 그것이 각자의 마음을 움직여서 감동하는 체험은 얼마나 아름다운 일인가!

가곡을 연주하는 성악가는 시인이 찾고 간구한 심상과 메시지를 이해하고 그것이 어떻게 작곡가의 마음을 울렸는지, 또 작곡가는 시를 어떻게 읽었는지를 상상한다. 그리고 이를 연주로 재현한다. 사람에 대한, 자연에 대한 깊은 사랑과 신뢰를 확인하는 작업인 것이다. 음악은 자연과 사람을, 사람과 사람을 상상하고 연결하며 아름다움을 빚는다.

　나는 미국에서의 10년 남짓한 긴 유학을 중단하고 귀국했다. 귀국할 수밖에 없었다. 연주를 비롯한 문학과 철학 등에 탐닉할 수 있었던 감사한 경험을 이어 갈 수 없는 현실은 뭐라 설명할 수 없는 상실감을 던져 주었다. 일상과 생존을 위협하던 사람과 그와의 소통과 관계의 어려움으로 질식할 것 같은 시간도 어떻게든 매듭지어야 했다. 나는 학위 취득을 포기할 수밖에 없는 상황을 피해 갈 수 없었다. 그 시기 거듭 앞을 보지 못하는 현실을 원망하며 절대 약자로서 감내해야 했던 갖가지 폭력으로 나는 깊이 병들어 있었다.
　볼 수 없다는 현실이 만들어 내는 폭력은 지독하게 나를 붙들고 놓지 않았다. 피할 수도 없으니 온몸과 마음으로 당할 수밖에 없었다. 이 또한 보이지 않는 나의 몫이었다. 전 생애를 거쳐 온전히 감내해야 할 고통이었다. 나는 박사과정을 수료하고 이태리 밀라노 Donizetti Academia 최고연주자과정을 마치면서 계획하지 않은 귀국길에 올랐다. 하지만 공부하고 연구하며 배우고 느낀 문학과 음악의 아름다움을 많은 관객과 나누고 싶다는 마음은 장애 현실의 폭압 속에서도 소중히 지켜 왔다. 귀국 비행기에서 어떤 방식이로든 음악이 된 시와 시가 된 음악의 아름다움을 많은 관객과 함께 누리겠다고 결심했다. 결심마저 없었다면 집요했고 가혹했던 시간을 지나온 나를 추스를 수 없었다.

2009년 8월 귀국 후 2010년 2월에 한빛예술단 공연부장, 지휘자를 맡아 시각장애인 단원들과 즐겁고 감사한 시간을 보낼 수 있었다. 단원들의 음악에 대한 진심과 사랑을 느끼며 나 또한 장애로 인해 경험한 상처들을 위로할 수 있었다. 우리는 섬세하고 풍요하게 곡의 선율을 상상했고 그 감정을 공유할 수 있었다. 음표대로 연주하는 것을 연습하는 것에 더해 예민한 청각으로 창작자의 의식을 탐색하고 곡에 담긴 이야기를 이해하려고 노력했다. 단원들의 섬세한 감성 덕분에 연습 시간은 길어졌지만 곡에 담긴 이야기와 그 이야기를 상상하고 해석하는 경험은 기쁘고 귀했다. 단원들은 스스로 주체적으로 자신감 있게 연주하는 동시에 다른 이의 연주를 수용하고 이와 조화를 이루려는 성숙한 모습을 선물했다.

한빛맹학교 성악 전공 전문학사 과정 학생들에게 성악을 가르쳤던 일도 보람 있고 감사한 경험이었다. 학생들을 가르치며 음악대학 입시를 준비했던 내 모습을 볼 수 있었다. 달뜬 감정으로 급하게 소리 내며 그야말로 음악에 '덤벼들던' 나의 서툴고 마음만 앞선 때를 생각하노라니 '쿡' 웃음이 비집고 나오며 '훅' 하고 애정이 솟구쳤다. 이들도 음악과 사랑에 빠지고 음악과 함께 꿈꾸기를 바랐다.

하지만 이들 또한 내가 겪은 것처럼 아프고 지독한 일들을 맞닥트릴 것이라 생각하니 무거운 돌덩이가 가슴을 꾹 눌러 내리는

2015년 가을음악회, 능동 숲속의 무대

것 같았다. 그럼에도 나는 이들이 내가 만났던 사람들보다 더 포용적이고 유연하게 사고하는 사람을 만나고, 장애 없음을 우월감으로 변질시켜 장애인과 비장애인을 갈라치려는 졸렬한 사람들은 만나지 않을 거라고 믿는다, 그렇게 믿고 싶다, 그렇게 되기를 축복한다. 오늘은 어제보다 좋은 날일 것이고, 오늘은 어제보다 더 나은 날이 될 것이기 때문이다.

 장애인이 장애인으로 온전하게 살 수 있는 세상이라면 세상 모든 이들이 평안하고 온전하게 살 수 있는 것이 아닌가!

 한빛예술단에서 다양한 연주 기회가 있었고 매번 철저하게 연습해서 공연을 진행했다. 우수한 단원들과 함께 연주하는 것은 늘 행복한 시간이었고 스스로를 돌보는 일이기도 했다. 중창단 활동과 함께 솔리스트로 여러 곳에서 연주할 기회도 많았는데 그때마다 느끼는 감정은 감사와 기쁨이었다. 건강하게 다시 연주할 수 있다는 기쁨과 무대에 서는 기회에 대한 감사의 마음이 커질수록 내 안의 상처도 조심스럽지만 순하고 연하게 점차 제 모습을 달리하고 있었다.

 한빛예술단 단원들과 함께 많은 연주를 했지만 2014년 인천장애인아시안게임 개회식에서 애국가를 지휘한 일은 연주 규모 정도와 야외무대였다는 점에서 특별히 기억에 남는다. 오케스트라 단원들과 합창단원들 모두 지휘하는 내게 집중해야 했기 때문에 나도 바짝 긴장하고 있었다. 또, 아시아인들이 참여하고 아시

?

2015년 7월, 러시아 공연

2014년 베트남 하노이 <Hope Concert>

아 전 지역에서 참가한 선수단 앞에서 치러지는 국가 공식 행사이니 예측할 수 없는 현장 상황도 염려되었다. 혹 단원들을 자극하는 작은 일이라도 생기지 않을까 해서 온 신경을 집중하고 긴장했지만 단원들에게는 이를 들키지 않으려고 애써 침착한 척했다. 단원들이 안심하도록 평정심을 보여 주기 위한 느긋하고도 편안한 말과 동작을 만들어 내는데 적잖은 노력이 필요했다. 결국 나는 작은 변화와 소리에 민감한 단원들의 집중력을 신뢰하기로 했다. 그리고 기대대로 무사히 연주를 마칠 수 있었다. 관중석에서 파도처럼 들려오는 박수 소리에 벅찼던 감정은 오랫동안 잊을 수 없을 것이다.

　2012년 한중수교 20주년을 기념해 중국 베이징 베이징음악당에서 열린 '희망 음악회'는 '아름다운 우정 행복한 동행'을 주제로 한빛예술단과 중국 장애인예술단인 태화(泰華)천사예술단이 함께 연주회를 구성했다. 중국 예술단의 타악기 연주와 함께 한빛예술단 오케스트라와 한빛브라스앙상블의 연주가 이어지며 고조된 분위기는 한중 성악가의 독창이 보태지면서 융성하게 마무리되었다. 참석한 한중문화계류 기관 담당자와 주중대사 등 관객의 우레와 같은 박수 소리로 나와 단원들은 자부심을 느낄 수 있었다. 중국 예술단원들과의 교류도 자유롭고 편안한 분위기에서 이어졌고 서로를 응원하며 다시 만날 것을 기약하는 것으로 마무리되었다.

한빛예술단은 1년에 150회 이상 연주회를 한다. 여러 곳에서 연주를 기대하며 초청하는 방식으로 연주회를 하는데 'Music in the Dark'라는 주제로 정기 연주회를 한다. 2014년 세종문화회관에서 진행된 정기 연주회는 녹화되어서 'KBS 중계석'이란 클래식 프로그램에서 방영되기도 했다. 한빛예술단 오케스트라의 첫 곡은 멘델스존의 〈한여름밤의 꿈〉 중 '결혼행진곡'이었다. 이재혁 지휘자의 피아노 지휘에 따라 시작된 연주는 많은 이들의 환호와 축복이 가득한 어느 한 쌍의 결혼을 실제 눈앞에서 보는 것처럼 화려하고 웅장했다. 연주하는 전체 곡의 악보를 모두 외운 시각장애인 단원들은 이어폰으로 전달되는 지휘자의 음성에 따라 볼륨과 박자를 조절하며 최고의 화음을 들려준다. '공연 중간 암전 상태에서 듣게 되는 시각장애인들의 연주는 보여지는 공연에 익숙한 현대인들에게 새로운 패러다임을 제시할 것'이라는 오케스트라의 제안은 곧장 관객들의 체험을 통해 구현되었다. 연주가 끝난 후 터지는 환호성은 진정한 감동의 표현이었다.

그날 나는 솔리스트로 멕시코 작곡가 아구스틴 라라(Agustin Lara)의 곡 〈그라나다(GRANADA)〉를 연주했다. 스페인의 아름답고 신비로운 도시 그라나다를 향한 시인의 절절한 사랑의 고백은 힘차고 환희로 가득하다. 자연과 도시의 조화를 매혹적으로 표현한 곡은 스페인의 정열을 그대로 담아내고 있다. 나는 그라나다를 바라보는 시인의 마음으로 성악가로서 새롭게 펼쳐질 한

2014년 부산 <어둠 속의 음악회>(Music in the Dark in Busan)

2014년 부산 <어둠 속의 음악회>(Music in the Dark in Busan)

국에서의 시작을 상상했다. 오랫동안 떠나 있던 고국으로의 귀환과 이후 펼쳐질 신세계의 희망을 소원하며 오케스트라의 웅장하고도 절도 있게 시작한 첫 소절의 연주를 이어받아 눈앞에 광야를 펼쳐 놓을 듯 담대한 목소리로 '그라나다'를 호명했다.

  내가 호명한 그라나다는 다시 새롭게 시작될 나의 연주 인생이 펼쳐질 한국이다. 이곳은 삶의 의미와 존재의 가치를 물으며 답을 찾기 위해 몸부림쳤던 지난 청춘의 시간이 살아 있는 곳이다. 그때의 열정과 고민은 이 땅으로 돌아온 나를 살게 하는 자양분이 되었다. 때문에 나는 서서히 숨을 조여 오듯 흐려지는 시야 속에서 곧 닥칠 암흑을 두려워했던 나를 구하고자, 어둠 속에서 해방되고자 가슴을 열고 허리를 곧추세워 우레와 같은 목소리로 명령하듯 그라나다를 불러냈다. 그리고 내 모든 힘을 다해 이 땅의 아름다움을 찬양했다. 열렬하게 사랑하겠노라고, 지난 시간 흘렸던 땀과 눈물의 씨앗을 심고 가꿔서 기어코 울창한 숲을 보겠다고, 다시 사랑하겠노라고 다짐했다.

  2014년 겨울, 세종문화회관에서 치러진 한빛예술단 정기 연주회 성악 독창 연주는 지휘자로, 교육자로, 솔리스트로 힘차게 살아가겠다는 선언이었다. 연주를 마치고 무대를 내려오면서 느꼈던 벅찬 감정은 비단 연주회를 가득 채운 관객들의 함성과 박수 때문만은 아니었다.

'마중', 하무뭇한 사랑이여

　솔리스트로 무대에 서는 일은 기쁨과 설렘으로 나를 충만하게 했다. 각종 국가 행사나 국가기관이나 문화예술단체 행사에서 애국가를 불러 식의 처음을 열었던 적도 있었는데 애국가를 부를 때마다 새삼 나라 사랑의 마음이 생겨 울컥했던 경험도 여러 번 있었다. 애국자라 할 수 없는 내가 애국가를 부를 때만큼은 독립지사의 마음을 얻은 양 뜨겁고 벅찬 감정이 가슴 가득 차올랐다.

　우리가 우리의 나라에서 우리의 노래, 애국가를 부를 수 있게 되기까지는 수많은 이들의 희생과 헌신이 있었다. 나라 잃은 때 영국 민요에 가사만 붙여 불렀던 애국가는 일제의 폭압을 견디고 살아 낼 수 있는 힘이 되었고 이어진 한국전쟁 속에서 민족상잔의 아픔을 말하고 가야 할 길을 알려 주는 등불이었다. 애국가 제창은 갈등과 혐오의 고통을 기억하고 화합과 소통의 가치를 알려 주는 가슴 뜨거운 연주였다.

한빛예술단 정기 연주회와 초청 연주회, 장애인의 날, 장애인문화예술원 개관식 등 귀국 후 한국에서 있었던 솔리스트 성악 연주회에서 가장 많이 부른 곡은 허림 시인의 시에 윤학준 선생이 곡을 붙인 가곡 '마중'이다. 시를 읽으면 화자가 호젓하고 다소 고독한 속에 있음을 알 수 있다.

자칫 쓸쓸한 분위기를 자아내는 시는 그 고적함 속에서 사랑하는 이에게 가닿겠다는 화자의 의지를 드러낸다. '사랑이 너무 멀어 올 수 없다면 내가 갈게'라고 말하는 화자의 마음은 뜨거우나 덤덤하리만치 잘 정돈되어 있다. 사랑의 열기를 품고서도 바지런하게도 그 마음을 진정시킨 화자는 사랑하는 '그대'에게 간다고 말하는 것으로 사랑을 고백하고 '꽃으로 서 있'겠다며 고백을 들은 이가 두고두고 곱씹을 사랑의 말을 건네고 있다.

> 사랑이 너무 멀어 올 수 없다면 내가 갈게
> 말 한마디 그리운 저녁 얼굴 마주하고 앉아
> 그대 꿈 가만가만 들어주고 내 사랑 들려주며
> 그립다는 것은 오래전 잃어버린 향기가 아닐까
> 사는 게 무언지 아무뭇하니 그리워지는 날에는
> 그대여 내가 먼저 달려가 꽃으로 서 있을게[4]

나는 사랑하는 이에게 건네는 이 덤덤하고 뜨거운 말에 감동했

---
4) 허림, 「보내지 않았는데 벌써 갔네」, 달아실, 2021.

2015년 한국장애인문화예술원 개관 기념식 연주

2015년 NC vs 넥센 야구경기 애국가 제창

?

2015년 한빛예술단 러시아 초청 공연

2015년 강일교회 초청 공연

다. 요동치는 감정을 누르고 화려해서 오히려 닳아 버린 표현을 삼간 시인의 마음에 동화되었다. 그리고 나의 사랑도 이렇게 곡진하게 꾸려 가리라 다짐했었다.

 포근하고 흥겹다는 사전적 의미가 있는 '하무뭇하다'는 표현을 꼭꼭 새기며 사랑하는 이에게 포근하고 따뜻한 매일을 만들어 주면서 소소한 행복으로 흥겨운 매일을 살게 하고 싶었다.
 고요하고 깊은 바닷속을 상상하며 바리톤만의 묵직한 저음으로 첫 소절을 시작하노라면 나는 매번 찰나의 저릿한 감각을 느낀다. 머리카락 한 올이 귓불을 간질이는 느낌은 부드럽지만 몸과 마음을 바로 세우는 날카롭고 강력한 것이었다.
 활화산을 품고서도 차분히 사랑을 이야기하는 화자의 뜨거운 사랑을 내 안에 가득 채우며 나 또한 절절하고도 뜨거운 사랑을 가만히 차분하게 말하고 싶었다.

'금단의 노래(musica proibita)', 마침내 사랑이여

대학교 3학년 때다. 나는 구로동에 있는 '동광교회'에 다니며 찬양대 지휘자로 봉사하고 있었다. 그때 초등부 주일학교 교사로 봉사하던 여학생 한 명이 있었다. 그 친구와 나는 오빠 동생으로 친하게 지냈다. 늘 유쾌한 그녀는 교회 청년부를 비롯해 성경 공부를 가르치는 초등학생들에게도 친절했다. 누구와도 즐겁게 이야기 나눴고 친하지 않은 사람이 드물었다. 나는 그녀를 좋아했다. 평소 낯가림도 좀 있고 무엇보다 재미있게 이야기하는데 자신감 없던 내게 그녀는 특별한 사람이었다.

그녀는 나를 오빠로 호칭하며 편하고 반갑게 인사했다. 교회 안에서 그녀의 얼굴은 늘 환하고 밝았다. 어쩌면 교회가 그녀로 인해 빛을 내고 있었다. 선명하지 않음에도 그녀의 웃음은 곱고 아름다웠으며 또렷하지 않아도 그녀의 얼굴은 복숭아빛으로 상기되어 싱그러웠다. 어쩌면 나는 그때 내게 보이는 그녀의 웃음과 친절이 '오직 나에게만 향하고 있다.' 믿기도 했었던 것 같다. 그러다 보니 그녀가 다른 청년들과 어울리며 그들에게 보이는 웃음과 친절을 질투하게 되었다. 이를 들키지 않으려고 또 얼마나 마음 졸였는지.

 나는 그녀 앞에서는 '잘 보이는 척' 하느라고 분주했던 것도 같다. 혹여 잘 보이지 않는다는 것을 들켜 버릴까 염려하며 악보를 모두 외워 지휘했고 시선도 찬양대원들에게 고르게 배분하며 잘 보이는 척을 했다. 그러면 그럴수록 마음은 얼마나 가난해졌는지 토요일 찬양대 연습과 주일 예배를 드리고 온 뒤에는 헛헛한 마음에 휘둘리는 시간을 보내기 일쑤였다.
 그녀는 나의 사랑의 허세를 잘 알고 있었던 것 같다. 준비된 말과 행동으로 당당하고 멋진 '교회 오빠'가 되고팠던 나를 쉽고도 가볍게, 그러면서도 완전하게 무너트렸다. 보이는 그대로를 인정하고 마음의 말도 담백하게 전달하는 그녀와 마주 앉아 나는 내 안의 복잡한 감정과 생각들이 그녀로 인해 정리되는 일을 몇 차례나 경험할 수 있었다. 내 생각은 너무 많은 생각으로 인해 스스로 미로에 갇혀 버렸을지도 모를 일이었다. 그녀는 그 복잡한 길을 풀어 갈 지도를 가지고 있는 양 쉽고도 명료하게 미로를 벗어날 길을 안내했다.

 그녀의 용감한 정직함과 나의 수줍은 주저함이 드디어 한 지점에서 만나게 되고 우리는 연인이 되었다. 다른 연인들처럼 푸른

봄날 벚꽃길을 나란히 걸었고 초록 짙은 한여름의 무더위 속에서 서로에게 손부채질하며 웃었다. 낙엽 소리에 귀 기울이며 다가올 겨울을 기다렸고 한파만큼 강력한 떨림으로 서로를 따뜻하게 안았다. 그러면서 계절처럼 자연스럽게 결혼을 꿈꿨다. 그러나 나의 걱정대로 나의 부모님과 그녀 부모님의 반대가 컸고 그녀의 염려대로 나는 사랑의 힘을 굳게 믿지 못하고 그녀보다 먼저 부모님께 항복했다.

정성껏 최선을 다해 이별하지 못하고 미국으로 떠난 나는 10년이 지나서야 다시 그녀를 만날 수 있었다. 먼저 도망쳐 버린 그 시절을 정중하게 사과하며 유약했고 그래서 비겁했던 나를 인정하며 또 사과했다. 그녀는 그때처럼 담백하고 가볍게 웃어 주었다. 나는 그녀의 웃음의 무게를 알고 있었다. 담백한 그녀 말의 깊이를 알고 있었다. 그래서 더 미안하고 부끄러웠다.

> 입맞추고 싶어라 너의 검정색 머리칼에
> 너의 두 입술과 격렬한 너의 두 눈에
> 안아 주오, 오 사랑이여, 너의 마음에
> 맛보게 해 주오. 사랑의 황홀함을[5]

이별의 괴로움과 고통 속에 그녀를 혼자 두고 떠난 나를 한없이 벌주고 싶었다. 그러면서도 한없이 그리워했던 나를 원망했다. 그

---

[5] 스타니슬리온 가스탈돈(S. Gastaldon), 〈금단의 노래(musica proibita)〉

런데 10년을 넘은 시간을 보내고서야 다시 그녀를 만났다. 나는 '감히 당신을 사랑하노라' 용기를 내어 고백했다. '금단의 노래'는 너무 많은 시간이 지나고서야 비로소 아내에게 고백한 눈물과 회한 가득한 사랑의 노래다. 사랑을 잃고 다시 사랑을 갈망하는 나의 마음은 그녀로 인해 용기를 얻었고 마침내 사랑하는 이로, 사랑받는 이로 세상에 바로 설 수 있었다.

독창회에서 또 수많은 초청 연주회에서 마지막을 장식했던 〈금단의 노래〉는 사랑에 주저하는 이들을 위한 진심의 응원이다. 사랑을 고백하고 그 사랑의 힘으로 행복하라는 수줍고 용기 없던 청년 김정준의 진심이다.

장애인복지관에서 사회복지사로 일하는 아내는 오늘도 씩씩하다. 늘 일이 많고 또 일 벌이기를 좋아하는 그녀는 시간을 쪼개 쓰며 바쁘게 몸을 움직이면서도 조급함이 없다. 아침 해가 뜨고 저녁노을이 늦은 오후의 하늘을 채우듯 느긋하고 자연스럽다. 덕분에 나도 아내의 시간과 웃음에 기대어(정확하게는 얹혀서) 사는 일이 많아졌다. 이렇게 계절을 보내고 맞으며 아내와 평안한 매일을 만들고 싶다. 그리고 시간이 온순하게 찾아와 나와 아내의 건강과 활력에 크게 생채기 내지 않기를 바란다.

오! 나의 'Adelaide' 아가, 나의 '첫사랑'이여

내게는 두 딸이 있다. 이 세상 어느 아비가 자식을 사랑하지 않겠는가마는 나는 운명처럼 두 딸을 품고 세상에 내놓았다.

큰딸 알영이는 삶의 부침과 혼돈 속에서 괴로운 마음을 숨기고, 추스르고, 누르고, 살아 내야 했을 때, 그때마다 내 걸음에 빛을 보태 준 친구다. 환하게 웃었지만 여느 여자아이들처럼 시시콜콜한 이야기로 조잘대며 나를 종일 따르거나 조르는 일은 없었다.

아이가 어떤 마음인지 알 수 없었던 일도 적지 않았지만 그때마다 아이는 흰 눈 속에서도 자기의 빛을 지키며 야무지게 피어 있는 꽃처럼 똘방똘방한 눈으로 나를 비라보았다. 나는 딸의 눈망울을 들여다보며 내 힘으로 통제할 수 없는 이러저러한 현실과 혼돈 속을 걷고 있는 우울하고 복잡한 내 마음을 부여잡을 수 있었다.

큰딸 알영이는 그렇게 내 미국 유학 생활의 버팀목이었다. 아이가 뿜어 준 생명의 에너지로 하여 나는 살 수 있었고, 버틸 수 있었고, 한국으로 돌아올 수 있었다. 최선을 다해 열심히 살았음에도 장애인이란 약자로 당할 수밖에 없었던 갖가지 위협과 폭력 속에서 자멸하지 않고 다시 나를 일으켜 세울 수 있었던 것은 사랑하는 내 딸 알영이 덕분이었다.

그즈음 나는 베토벤 성악곡 '아델라이데'를 연주하며 무언의 동그란 눈으로 나를 바라보는 알영을 떠올렸다. 알프스에 피어난 보랏빛 야생꽃 아델라이데를 닮은 내 딸 알영은 마법처럼 나를 지켜 내는 방황하는 마법사였고 내 영혼의 수호자였다. 나는 내 심장의 한가운데에 큰딸 알영을 붙든다. 그리고 훗날 내가 재가 되고 바람에 흩날릴 때도 알영은 아델라이데처럼 선명한 아름다움으로 살아갈 것을 믿는다.

> 부드러운 저녁 바람은 나무 그늘 속에서 속삭입니다
> 은빛 종소리는 풀밭에서 바스락거립니다
> 파도 소리와 밤의 꾀꼬리는 노래를 부릅니다
> 아델라이데!
> 언젠가, 오 기적이여 내 무덤에 꽃을 피울 겁니다
> 내 심장이 타고난 재에서 꽃 한 송이가
> 모든 보라색 잎들 위에서 선명하게 빛날 겁니다
> 아델라이데![6]

---

6) 프리드리히 폰 마티손(Friedrich von Mathisson, 1761~1831)의 시 〈Adelaide〉에 베토벤이 곡을 붙인 가곡이다.

작은 딸 시윤은 참 사랑스러운 아이다. 늦게 얻은 딸이어서인지 떼를 쓰고 고집을 피우는 모습까지 사랑스럽다. 엄마를 닮아 웃기를 잘하고 자신의 감정 표현도 자유롭다. 원하는 것이 분명하고 타인을 크게 의식하지도, 또 간섭하는 일도 없다. 덕분에 학교에서나 학원에서나 다른 이들의 행동이나 말에 상처받는 일도 드문 것 같다. 가끔은 '쿠~울'해 보이는 짧고 굵은 답변에 서운하기도 하고 조금은 당황스럽기도 하지만 덕분에 요즘 중학생을 이해하는 데 큰 도움이 된다. 무엇보다 그 무섭다는 '중2병'을 호되게 앓을 것 같지는 않아서 다행이다.

시윤은 미국 유학 생활을 맺고 한국에 돌아와서 청년 시절 헤어졌던 아내와 다시 만나 얻은 딸이다. 시윤은 아내와 헤어져 있던 긴 시간을 보상해 준 큰 선물이었다. 세상에 나온 시윤을 처음 만난 날, 나는 아내를 다시 만났던 날의 설렘을 또 한 번 경험했다. 아내를 다시 만나는 직전까지 쿵쾅대는 심장을 꼭 눌러 진정시켰던 손바닥의 진동은 지금도 생생하다. 손바닥에 흥건했던 땀을 닦아 내느라 허둥대던 내 모습은 이제 막 세상에 나온 시윤을 만났을 때도 같았다. 작은 몸에서 뿜어져 나오는 우렁찬 울음소리는 혼돈과 우울 속에 조심스럽기만 했던 내 삶에 새 생명을 불어넣는 것 같았다. 시윤의 울음소리는 삶의 경탄이었다!

김효근의 곡 '첫사랑'을 연주할 때는 시윤을 생각한다. 처음 만난 날, 날 보며 활짝 웃던 날, 드디어 '아빠'라고 부르며 가슴에

폭 안겼던 날을 떠올린다. 그리고 아장아장 걷다가는 호기심 가득한 눈으로 "뭐야? 뭐야?" 묻던 아이의 걸음을 좇으며 가까운 미래에, 완전한 어둠에 갇혔을 때를 대비해 간직할 아이의 모습을 하나, 둘 세면서 기억하려고 노력했던 순간을 떠올린다. 지금은 딸의 얼굴을 볼 수 없고 앞으로도 자라나는 아이의 얼굴이, 키가, 머리카락이 어떻게 변하게 될지 상상만 할 수 있을 뿐이지만 예전에도, 지금도, 미래에도, 시윤을 만났을 때의 설렘은 변색되지 않을 찬연한 순수의 빛이다.

>그대를 처음 본 순간이여
>설레는 내 마음에 빛을 담았네
>말 못해 애타는 시간이여
>나 홀로 저민다
>그 눈길 마주친 순간이여
>내 마음 알릴세라 눈길 돌리네
>그대와 함께한 시간이여
>나 홀로 벅차다
>내 영혼이여 간절히 기도해
>온 세상이여 날 위해 노래해
>언제나 그대에게 내 마음 전할까
>오늘도 그대만 생각하며 살다
>그 마음 열리던 순간이여

떨리는 내 입술에 꿈을 담았네
그토록 짧았던 시간이여 영원히 멈추라
내 영혼이여 즐거이 노래해
온 세상이여 우리를 축복해
내 마음 빛이 되어 그대를 비추라
오늘도 그대만 생각하며 살다
첫사랑[7]

  독창회와 각종 연주회에서 '첫사랑'을 부를 때마다 시윤의 얼굴을 떠올린다. 사실 흐릿하게나마 내가 볼 수 있었던 아기 때 얼굴이나 유치원, 초등학교 저학년 때의 얼굴을 떠올리는 것은 아니다. 완전하게 보지 못하게 된 이후 이전에 보았던 것을 기억하기란 거의 불가능하다.
  보았던 사람이었으니 완전히 볼 수 없게 되었을 때는 처음부터 보지 못했던 사람과 다르게 알고 있는 빛과 색과 형상이 있을 거라 생각하지만 그것이 꼭 맞지는 않다.
  캄캄한 어둠 속에서 모든 빛깔은 쉽게 잊혀진다. 붙들 수 없는 시간처럼 야속하게도 잊혀신다.
  그러니 내가 시윤의 얼굴을 떠올리는 것이 아니라 상상한다고 하는 것이 맞는 말이다.

---

7) 김효근 작곡, 송기창 노래, CD 〈김효근-사랑해/미카엘 송기창: 김효근 연가곡집〉, universal, 2012.

시윤은 목소리만으로 얼굴과 키와 손가락과 발가락을 그려 낼 수 있는 내 상상 속에서 앙증맞게 웃고 조잘댄다.

"내 사랑하는 아가, 시윤.
너로 인해 나는 살아 있다.
너로 인해 투닥거리는 일상과 매일 겨뤄 이겨야 하는 음악을 붙들고 있다.
설렘을 불어넣는 너로 인해 나는 산다."

나는 음악과 전쟁을 한다

　미국에서 공부할 때 함께 공부하는 동기들이 나를 'extraordinary hard worker'라고 부르며 놀려 대기도 했다. 솔직히 말하면 혀를 내두르며 좀 피했던 것 같기도 하다. 사실 나는 어떤 일을 시작할 때나 배움을 시작할 때 하는 생각이 있다. 어찌 보면 잡생각일 수도 있는데 습관적인 자기 검열 같은 것이다.

　한 예로 'teachable'이란 단어는 '가르치다'와 '할 수 있다'의 합성어로 '가르칠 수 있다'가 아닌 '가르침을 받을 만한'의 뜻이다. 즉 가르침을 받을 때와 줄 때 가르침을 받을 만한 선생인지, 가르침을 받을 만한 학생인지, 가르침을 할 만한 시생인지를 생각한다. 단순히 실력의 있고 없음을 평가하는 것은 아니었는데도 (내가 할 수 있는 일도 아니었거니와) 끝까지 놓지 못하는 생각이었다. 나는 가르칠 만한 선생인가, 나는 배움을 받을 만한 학생인가에 대한 지속적인 의심과 검열은 나를 다그치는 행위로 이어졌

2018년 전국노인자원봉사자 대축제

고 결국엔 워커홀릭으로 불리우게 했다. 이어 배움의 과정이 궤도에 올랐을 때, 혹은 일에 몰두하는 상황에서는 'compassion'을 의식한다. 'com-passion'은 'com-함께' 'passion-괴로워하는'의 합성어로 '함께 괴로워함'으로 드러나는 본성 때문에 나를 희생(sacrifice)하는 반복적 과정에서 적잖이 힘들었다.

  하지만 나는 엄청난 워커홀릭이 아니었다면 성악 연주자가 되지 못했을 거라고 믿고 있다. 전쟁터에서 삶과 죽음이 공존하듯 나는 음악과 한바탕 전쟁을 치르며 삶과 죽음을 횡단했다. 살려면 연습하고 공부해야 했다. 연습하지 않는다면 곧 죽게 될 거란 걸 예민하게 인지하며 공부하고 연습했다.

  내게 있는 시각장애 때문에 치열하게 공부하고 연습했다고 말하려는 것이 아니다. 나는 장애가 있음에도 성악 연주자가 된 것이 아니라 세상에 태어난 나의 의미를 발견하기 위해서 장애를 안고 할 수 있는 일을 고민했다. 현실이 자꾸만 나를 무너트릴 때 음악은 나를 위로했고 상처받은 내 영혼을 가만히 보듬었다. 가볍고 부드럽게 마음을 어루만졌다. 그 따스한 기분은 날이 갈수록 커졌고 나는 음악 속에서 당당한 나를 발견할 수 있었다. 자신감이 생겼고 살고 싶어졌다. 물론 음악을 공부하면서도 무릎 꺾일 일은 많고 많았다. 어쩌면 음악을 해서 더 자주, 더 많이 장애와 장애인을 소비하는 현실에 아팠다.

2023년 한국강소기업협회 홍보대사 위촉

2023년 한국강소기업협회 홍보대사 위촉

나는 탁월한 성악가로 인정받고 싶었고 그것이 나를 살릴 음악을 지켜 내는 일이라 믿었다.

세상이 나의 장애를 이유로 나의 음악을 폄훼하려 드는 갖가지 행위는 매우 다양한 방식으로 셀 수 없을 만큼 많았다. 준비되지 않은 관객을 앞에 두고 연주할 수 없었고 갑자기 요청하는 연주에 응할 수 없었다. 아마추어 연주회에 서기를 종용하는 기획과 맞섰고 막무가내로 오디션을 보라고 요청하는 명령쯤 깨끗이 거절했다.

그래서 한빛예술단에서나 한빛맹학교에서 가르칠 때 가혹할 만큼 단원과 학생들을 다그쳤던 것 같다. 소리를 흉내내는 '적당한' 정도의 실력으로 음악가라 할 수 없다.

장애예술인은 탄생하는 것이다. 실력을 갈고 닦아야 자신의 음악을 할 수 있다. 나만의 음악을 가질 수 있다.

구성원 모두 시각장애인으로 구성된 '한빛체리티중창단'을 이끌며 실력만이 꿈을 이룰 수 있는 유일한 방법이라고 강조했었다. 그들이 가지고 있는 재능을 갈고 닦아 하늘 아래 귀한 존재인 것을 세상에 증명해 낼 수 있기를 기대하고 응원한다.

2023년 6월, 나종호 한국강소기업협회 상임부회장은 나를 협회 홍보대사로 위촉하며 "(중소기업이) 강소기업이 되려면 김 성악가가 살아온 삶처럼 많은 실패와 시련을 거쳐 성장해야 합니다."라고 말했다. 장애, 실패와 시련을 '극복했다' 말씀하지 않은 나 부회장님의 생각에 동의한다. 실패와 시련의 경험을 통해 성장할 수 있다는 것이야말로 삶의 진실이다. 성장 이후에도 우리의 삶은 실패와 시련의 연속이겠지만 이를 반복해 살아 내는 것이야말로 삶일 것이다.

지금을 다져 내일을 기대하고

아내와 교회에서 처음 만나 연인이 되어 각자의 미래를 우리의 미래로 약속했었다. 하지만 우리의 약속은 거센 저항에 부딪혔고 이를 이겨 내지 못했다. 아니 정확하게는 내가 무릎 꿇었다. 머지않아 보지 못하게 된다는 내 상황과 이러저러한 이유가 엉키고 뭉쳐져 커다란 돌덩이가 된 부모님들의 반대는 우리의 진심으로는 도대체 부수어 버릴 수 없는 것이었다.

그러나 헤어질 수 없었다면 그런대로 다른 방법을 찾아보았어야 했다. 정면 돌파할 수 없었다면 버티기이든 드라마에서 본 '사랑의 도피'이든 도전이라도 했다면 우리는 헤어지지 않았을지 모른다. 그러나 그때의 나는 사랑의 용기보다 죽음의 유혹에 더 가까이 섰다. 깊은 밤 만취해서 서부간선도로에 뛰어든 일이 첫 번째 자살 시도였다. 장애를 탓하고 두려워하며 연인에게 믿음과 힘을 주지 못한 나는 스스로 자멸하는 것을 선택했다. 그러나 보이지 않은 덕분인지 중앙분리대 풀숲으로 떨어졌고 몸을 일으켜 머쓱하게 걸어나왔다.

미국에서 돌아와 당장 생계를 위해 영어 교사에 지원하고 미국인 교장 선생님과 프리 토킹으로 교육 방식과 내용에 대해서 면접을 치르고 나서는 면접 당시 자연스럽고 편안한 분위기에 채용을 기대했었다.

그러나 기대와 달리 시각장애인이라는 이유로 일할 수 없게 되면서(이후 우연한 기회에 관계자를 통해 나를 채용하지 않은 것이 시각장애 때문인 것을 듣게 되었다) 나는 다시 한 번 자멸을 생각했었다. 도대체 계획대로 살 수 없는 인생, 아무리 노력해도 제자리로 돌아온 듯한 삶의 허무를 견뎌 낼 수 없었다. 화가 나고 나의 노력과 땀과 눈물을 생각하면 한없이 억울했다.

그때 삶과 죽음에 관해 많은 독서를 했다. 까뮈를 만났고 C.S.루이스의 책을 탐독했다. 논어를 읽었고 여러 철학자의 명상록을 뒤적였다. 책에, 신에게, 나의 존재를 묻고 찾았다. 그러면서 내린 결정은 죽지 않고 살기로 나를 추스르는 것이었다.

나는 삶의 허무야말로 삶의 의미인 것을 인정하게 되었다. 어떤 일에 도전하고, 성공을 위해 노력하고, 무엇을 이루거나 그렇지 못했다 해도 그것은 나의 노력 정도에 따라 결정되는 것은 아니란 것을 알았다. 인과성을 확정할 수 없는 삶의 허무를 나는 끌어안기로 했다. 그리고 어쩌면 반복될 수 있는 삶의 고통을 기꺼이 인정하기로 했다.

　나는 장애를 이유로 거듭되는 차별과 편견 속에 외로이 서야 할 것이다. 그러나 시각장애인이기 때문에 몇 번이고 거절당할 수 있는 현실에 단단히 발붙이고 살기로 했다. 나의 노력과, 나의 장점과 강점은 세상의 눈으로는 아무것도 아닌 양 평가될 수 있을 것이다. 그래서 동의할 수 없는 수없이 많고 다양한 편견에 번번이 실망할 수 있을 세상에 살기로 결심했다. 나의 결심은 내가 삶을 멈춘다 해도 결코 멈추지 않을 것이다. 그러니 나는 그럼에도 불구하고 살아 내어 세상과 맞서며 죽음보다 더한 고통으로 살며 삶의 의미를 채워 가기로 했다.

　　"어떻게 죽어야 할지 배우게 되면 어떻게 살아야 할지도 배울 수 있다네."[8]

　나는 소설 속 한 구절처럼 어떻게 살 것인가 다시 생각하여 삶의 방향을 재조정하기로 했다. '자살한다는 것은 어떤 의미에서는 마치 멜로드라마에 있어서처럼 고백하는 것이다. 그것은 인생에 패배했다는 것, 혹은 인생을 이해하지 못

---

[8] 미치 앨봄, 「모리와 함께한 화요일」(공경희 역, 세종서적, 2002)의 한 구절이다. 그즈음 메모해 두었던 것을 이 글에 다시 옮겨 적는다. 자신을 사랑해 주는 사람들을 위해 인생을 바칠 때 의미 있게 사는 것이라고 말한 저자의 의견에 전적으로 동의하며 수첩에 적어 두었었다.

했음을 고백하는 것이다.'9)

  카뮈의 말처럼 나는 삶의 고통을 그만 멈추겠다는 고백은 하지 않기로 했다. 마침내 시시포스처럼 삶의 허무와 부조리를 반복해야 삶의 고통을 이길 수 있음을 이해했다. 나는 살기 위해 음악을 할 것이고, 할 수 있는 모든 것을 찾아내야 할 것이다. 그리하여 나의 장애를 무기로 자꾸 나를 꺾어 무릎 꿇게 하려는 세상의 위력에 맞설 것이다.

  나는 앞으로도 장애예술인으로 많은 무대에 설 것이다. 다양한 형식의 연주회에도 함께할 계획이다.
  장애인예술이 '보아야 하고 들어야 할 과제'의 예술 감상이 아니라 감동 가득한 예술이 되도록 지금까지 그래 왔던 것처럼 전쟁을 치르듯 연주할 것이다. 그리하여 연주회에 온 관객들이 공연 이후 감정이 순화되는 경험을 안고, 성찰의 기회를 맞을 수 있도록, 그리하여 깊고 진하게 예술을 향유할 수 있도록 최선을 다할 것이다.

  그리고 미국 유학 덕분에 편안하게 말할 수 있는 영어로 많은 사람들에게 도움이 되는 일을 계속하고 싶다. 시각장애인정보화 교육과 점자 교육도 더 부지런히 진행할 계획이다. 사회복지사로

---

9) 알베르 까뮈, 「시지프의 신화」, 이가림 역, 문예출판사, 1987, 12면.

역할을 하며 많은 장애인들에게 도움이 되는 일을 찾아내는 데에도 힘을 모으려고 한다.

어쩌면 나는 지금까지 살아온 것보다 더 뜨겁고 치열하게 살아내야 할지 모른다. 나이도 들어가니 결코 쉽지 않을 것이다. 그럼에도 나는 기꺼이 온 힘을 끌어모아 지금까지처럼 저벅저벅 걸어가 보련다.

"나를 비롯한 모든 장애예술인들에게 길고 큰 행운이 있으라!"

김정준

경희대학교 음악대학 성악과 졸업
Indiana University Computer Science 전공
Indiana University Jacobs School of Music, Voice & Opera 석사 졸업
이태리 밀라노 Donizetti Academia 최고연주자과정 졸업
Indiana University Jacobs School of Music, Voice & Opera 박사과정

Beautiful Mind Charity 미국 인디애나 지부 간사 역임
미국 Opera on Tap 소속 아티스트
Indiana University 한인학생회 컴퓨터분과 고문

前 한빛예술단 지도강사 및 음악전공과 출강
ShineNjoy Vocal Ensemble 음악감독

연주 경력
2006 독창회(Indiana University Auer Hall)
2007 독창회(Indiana University Auer Hall)
2008 BMCI(Beautiful Mind Charity Indiana) 자선음악회(Bloomington)
2008 Asia Culture Festival 초청 연주 Indianapolis
2008 미주기아대책기구 미주지역 순회음악회
2009 Opera on Tap 연주(Bloomington)
2010 '낭만의 봄' 연주회 기획 및 연주
2010 세계재난구호기구 자선음악회 특별출연
2010 LA 한인축제 초청 공연, 강남구민회관, 양천예술회관, 관악구문화관, 소월아트홀,
    국회 도서관 강당, 서대문구 문화예술회관 등 전국 각지에서 공연

수상 경력
Homer E. Marsh Award
Russell R. and Dorothy Judd Award
Dean's Graduate Grant from IU Jacobs School of Music